U0909776

妈妈，其实我想说

〔英国〕苏珊·奎利姆◎著
SUSAN QUILLIAM
李蔚超◎译

译林出版社

图书在版编目（CIP）数据

妈妈，其实我想说 /（英）奎利姆著；李蔚超译．—南京：译林出版社，2014.10

书名原文：Your child's body language：a parent's guide

ISBN 978-7-5447-4936-7

Ⅰ．①妈… Ⅱ．①奎… ②李… Ⅲ．①家庭教育 Ⅳ．① G78

中国版本图书馆CIP数据核字（2014）第190762号

YOUR CHILD'S BODY LANGUAGE：A PARENT'S GUIDE
by SUSAN QUILLIAM
Copyright：© 2010 by EDDISON SADD EDITIONS
This edition arranged with EDDISON SADD EDITIONS LIMITED
through Big Apple Agency，Inc.，Labuan，Malaysia
Simplified Chinese edition copyright：© 2013
by Phoenix-Power Cultural Development Co.，Ltd.
All rights reserved.

著作权合同登记号　图字：10-2012-293 号

书　　名　**妈妈，其实我想说**
作　　者　〔英国〕苏珊·奎利姆
译　　者　李蔚超
责任编辑　王振华
特约编辑　宗珊珊
出版发行　凤凰出版传媒股份有限公司
　　　　　　译林出版社
出版社地址　南京市湖南路1号A楼，邮编：210009
电子信箱　yilin@yilin.com
出版社网址　http://www.yilin.com
印　　刷　三河市祥达印刷包装有限公司
开　　本　640×960毫米　1/16
印　　张　15
字　　数　160千字
版　　次　2014年10月第1版　2014年10月第1次印刷
书　　号　ISBN 978-7-5447-4936-7
定　　价　35.00元

译林版图书若有印装错误可向承印厂调换

作者的话

当你愿意拿起这本书耐心阅读时，你的生命中一定已经有了一个可爱的天使。尽管，你也许不是孩子的父母，但是，我要说抱歉，在这本书里，我一直在用“一个孩子”或者“你的孩子”来谈论种种话题。我知道，大部分的读者应该是家长朋友们，而仅就我自己的经验来看，即便没有当上爸爸妈妈的人，也会与生活中的孩子们建立牢固的情感纽带。所以，我选择了“你的孩子”这种说法，期望你能接受我的选择。我在叙述中也遇到了同样的难题，说到孩子们的普遍问题时，用“她”或“他”来指代似乎都不太合适。我清楚地意识到，一直使用某个性别人称指代所有孩子不仅会引发性别政治问题，而且对另一种性别的孩子并不公平。因此，举生活中真实例子时，我则会保留主人公的真实性别，但在其他的叙述文字中，我会变换性别人称，力争获得平衡感。

目　录

一个人有93％的表意需要依赖语言以外的方式来实现。

儿童身体语言

我们花大量的时间教给孩子语言技巧——说、读、写。这样做无可厚非。语言和文字将带领孩子们进入成人社会，方便他们掌控自己的世界，挖掘自身潜力。

然而过于关注语言文字往往使我们忽略了身体语言，这就有些离谱了。*要知道，一个人平均每天仅仅说 11 分钟的话。*而就连这不算长的 11 分钟里,还有 93% 的表意需要依赖语言以外的方式来实现。

忽略身体语言，意味着我们仅仅领悟到了孩子语言表达出来的意思，而没有获得他们想表达的全部信息。当我们跟孩子对话时，如果没意识到自己的身体正传达着相反信息，那么对孩子的困惑又有什么好惊讶的呢？我们的身体极度渴望表达心底深处的意愿时，如果我们很少去倾心聆听这种呐喊，我们自然也不能教给孩子如何倾听他们自己的内心世界。

作为家长，我们是有责任的。我们斩断了孩子与他人沟通的渠道，使他们既不能完全理解自我，亦不得与他人充分沟通；我们甚至妨碍了他们在生活和工作中与亲友和睦相处，因为他们从未被告知，如何有效地利用语言以外的方式与他人交流。不懂得真正欣赏孩子的身体语言的我们，也就无法与孩子亲密无间。

何谓身体语言

这是一门怎样的知识？如此重要，但是又如此易于被忽略？简单地说，身体语言，就是口头语言以外的所有表达方式。复杂一点说，身体语言是人类的一种特殊沟通方式，它可以补充、强调、重复、调整、润色言语词汇，使我们的表达明白晓畅。有点讽刺意味的是，*与成年人相比，孩子们早已懂得这些定义和概念。实际上，他们比我们懂得的更多。*在几年前，他们还只晓得使用身体语言呢。当在妈妈的肚子里时，孩子们的一切感受都无法用语言来表达。甫降人世，他们也只能依赖各种身体语言，吸引家长的注意，从而求得照看和呵护。刚出生 12 个月左右，宝宝就能通过身体语言与外界沟通。

时光飞逝，渐渐地，语言和文字掌控了孩子们的世界，他们似乎忘记了婴儿时的老伙伴——身体语言。那时候，他们每天用各式各样的身体语言表达着自己，也聆听别人的表达，可是现在这一切都被丢到了脑后，其实如果他们愿意静心凝神，他们会很容易听到来自身体内部的呼唤。

所以，阅读这本书不仅是在教孩子身体语言的知识和应用，也是重新唤起孩子们对身体语言的记忆，再次找回这个表达与沟通的好帮手。

这本书可以告诉我们什么

《读懂孩子的身体语言》可以提供给你三种东西：第一，学会读懂孩子没有说出来的意思，更好地了解孩子的内心世界；第二，学会改进自己的身体语言，与孩子交流更顺畅；最后，教会孩子更好地使用身体语言，有效地与外界沟通。

这些目标看似虚无缥缈，难以掌握，但是本书非常客观和实用。在写作过程中，过去数十年里，关于儿童非口头语言交流的大量研究成果，成为我的材料来源和灵感源泉。对我来说，这本书还具有特殊的意义：首先，在儿童身体语言研究领域，我曾经出版了本书的前身（《观察世界的儿童》，1994 年出版发行），那时我向许多家庭发放了调查问卷，之后收到了无数热情的反馈，大大有助于我的研究；其次，从本书第一版完成后，我就产生了一些新的想法和观点，这些想法就激励我重新修订这本书。

在整个历程中，我所获知的一切，将在本书中通过多种形式展示出来，书中每个章节的主题都有特定的倾向性。书的正文给予读者关于身体语言各方面的核心信息、背景以及应用方法。下面着重列出你的孩子可能传达出的各种身体语言信号，为你和孩子提供其他实用技能和建设性策略。

打破身体语言的神话

人们对于身体语言的含义和用途抱有不少的误解。这里，我将为你举出需要注意的四种常见的误解，让你更好地理解本书的内容。

身体语言可以表达人的全部意思　这属于天方夜谭。当你需要准确而精细地表述一件事，或者全面阐释疑问、计划和结论时，语言无疑是你最好的帮手。但是，当你想要洞察孩子的真实想法和内心情感，或者抓住他稍纵即逝、微不可查的潜意识，那么身体语言具有不可比拟的优势。身体语言可以帮你洞穿语言的隔膜，理解更为深层的、真实的内心世界，也可以帮你绕出语言的迷宫，简化语言交流的复杂过程。

身体语言可以迷惑他人 这简直是异想天开。你大概以为，年幼的孩子注意不到你的身体语言的“言不由衷”，其实不然，你的真实动机早已被你自己的肢体语言出卖！孩子不仅仅接收到你主观想要表达的意思，那些你试图隐藏的意思，他们早已经通过你的身体语言全盘接收了！

身体的每个动作都有独立的含义 这有些言过其实。交叉胸前的双臂意味着拒绝说出自己的想法，但也可以表示孩子正处于焦虑。家长正在气头上，抑或一个人感到房间里温度过低。身体语言可不能一一对应地进行解释，而需要把它们带入到某种情境中去：谁在“说”话？“说”给谁听？在什么样的情境下进行交流？对方的身体又在传达什么信息？如果你忽略了这些，那么你可能始终无法正确理解别人的意思。

身体语言永远有效 这种观点太极端。如果你的孩子不想配合，那么所有的技巧都将无功而返。如果读了这本书，你就开始大声呵斥孩子，让他把肩膀放平，昂起头来，因为这代表着自信，你的孩子只怕会当面敷衍你，背后又打回原形了。如果孩子鼓起肚皮，垂下眼睛，那么他就是在彻底地拒绝你。不情愿的孩子的身体语言多半不会合适得体。所以说，只有真正学习热情高的孩子才能快速地学习、应用和提高身体语言技巧。

本书的写作是从西方社会的视角出发，但仅就西方社会而论，人们对身体语言的理解在细节上也有极大的差异。因此，尽管我现在的想法是泛论人类各种族，但是*文化的影响不可忽视地存在着，导*

*致某些特定语言元素因文化传统而异。*我敬告读者，在阅读中，如果遇到与你的文化传统不同的内容，可自行调换为更适合你的建议。

阅读须知

如何利用本书提供的大量信息和各类方法？不妨听听我的建议。

理解观点　本书的许多地方，特别是在开始几章，都详细而精确地解释了儿童是如何使用身体语言的，以及孩子究竟如何产生非口语信号的。如果你可以真正地理解了这一切，那么你可以较为轻松地将本书其他部分的内容付诸实践。

搜集信息　其实，每天守护在孩子身边的你，脑海中已经存有孩子身体语言的印象。现在，需要你有意识，严谨而有序地理解这些示意的含义。例如，当 3 岁的宝宝刚刚开动脑筋思考时，你就要开始注意、比较、记忆一些以前被你忽略的身体示意——细小的眼球运动，轻微的呼吸变化，又比如，宝宝注意到的来自身体内部的神秘信号，像“精力一集中，肚子就发麻”等等。

诠释信息　搜集好信息，你就得琢磨琢磨。比如说，*“咯咯”傻笑的五岁小朋友到底在笑什么？15 岁的女孩为什么突然开始热衷摆弄自己的头发？*你该知道，在面临棘手的考试时露出的笑容，肯定跟你的女儿收到生日礼物时有很大的不同吧。把孩子所有的身体语言拼成一幅完整的“示意图”。注意，这些示意还可能是混合交织的，甚至自相矛盾的。因此，时时修改（校准）“示意图”就十分必要了。问问你 5 岁的小女儿为什么突然咯咯发笑？15 岁的少女为什么喜欢摆弄头发？然后把她们的答案跟你自己的判断对比一下。即便你之前弄错了，在比较、更正一番之后，你会为将来更好地理解孩子打下良好的基础。基于这种原因，错误的判断往往比正确的更有意义。

“说”孩子的身体语言 当你通过观察，破译了孩子的身体语言，那么你就好好地利用这些身体语言与他交流吧。如果孩子看到你“说”着他的身体语言，他会感到与你沟通更容易，也更顺畅。所以，当孩子的身体语言正在表达出兴奋的心情时，你的关注，发自内心的呼应，用同样的身体语言表达，这一切会让他感到温暖而快乐。

自我关注 你大概觉得这本《读懂孩子的身体语言》只是关于我们的孩子，而非成年人自己。你只说对了一半，这本书当然与成年人有关，我们必须密切观察自己的身体语言，这不仅仅是为了更好地理解身体语言，也是为了给自己的孩子树立榜样。道理很简单，从孩子刚刚出生那一刻起，甚至还在妈妈的子宫里的时候，你身体的信号就一直影响并塑造着他。*每次展颜微笑，每次眉头微皱，你都是在教孩子了解你，了解他自己，甚至了解整个世界。*更为重要的是，你的一举一动，一颦一笑，都可以，甚至会理所当然地成为孩子学习非语言交流的榜样。听起来有些吓人，但这千真万确。

塑造身体语言 阅读本书的时候，我们要有一个基本认知，就是以上建议家长们去做的事情，同样需要家长指导孩子们去做。在西方社会，出于习惯或其他因素，家长们往往不让孩子学习身体语言，这或多或少不利于孩子们天然自有的非口头表达能力。而作为本书的读者，你可以扭转这种形势。

身体语言的沟通策略 有的身体语言沟通策略，你可以从孩子出生时教起，但大部分的方法，则适用于从宝宝牙牙学语的年龄，而等孩子已经长到可以与你探讨问题的年纪时，如果他愿意与你交

身体语言

在这个表格中，我们列举出各种身体语言的基本元素。请读者注意这些基本元素以及它们传达的信息。

身体语言基本元素	基本元素传递的信息
外观	
身高，体重，脸形，肤色，衣着	性别，民族，文化，健康程度
距离	
站立时和他人的距离；接近或远离他人	人际关系，心理状态，情绪和情感，性格和品格
触摸	
在哪里以及何时他选择会触摸别人；被触摸时的反应	人际关系，心理状态，情绪和情感，赞成或支持对方
体态	
身体的站立角度，肌肉的紧张程度，手臂的位置	生活态度，情绪和情感，压力大小，心理状态，积极性，性格和品格
手势及姿势	
身体动作，手臂动作，手和脚的动作，头部的动作	含义，示例，强调，赞成，允许，控制谈话节奏，情绪或情感，压力的大小，性格
表情	
面部的紧张程度，面部肌肉运动，笑容的深度和持续时间	性格和品格，情绪和情感，赞成或允许，积极性
眼神	
眼睛的转动，是否与人目光对视，对视的时间，眼球扩张的程度	人际关系，情绪和情感，心理状态，性格，对谈话的控制，支持，赞成或允许
声音	
音量，语速，音调，节奏，音高，加强语气	性格和品格，情绪和情感，强调，心理状态，支持，积极性，赞成或允许
人体机能指标	
呼吸模式，心跳速度，血压，肤色，肾上腺素水平，胃肠运动，出汗程度，体温	身体活跃程度，情绪和情感，压力大小
内部身体语言	
心理画面，心理声音，皮肤感觉，肌肉感觉，器官的感觉	思想的细节，情绪和情感，压力大小

流身体语言的话题，那么所有的方法和策略，你都可以用来教导他。

如果孩子正处于叛逆期，你就得想法子与他沟通，比如以他面对的某个问题为例，告诉他合理地使用身体语言是一个不错的解决方案。当他试了之后觉得你的建议可行，那时候他会很乐意听你讲讲身体语言的那些事儿。

勤加练习 与孩子的沟通若是开头不顺利，千万别气馁。你跟孩子得看过无数有说服力的例子，进行多次实践，自然而然地，就体会到我所概括的那些方法策略的有效性了。

教你的孩子，从这里开始起步

在这本书的主要章节里，我会建议你教孩子最有效的身体语言。这里列举了基本的策略，更详细的内容会在后续章节中进行阐释。

- 让孩子认识到内在感觉和外在行为的联系，并时常聊聊这种联系。
- 告诉孩子你的内在感觉和外在行为之间的关系。
- 带孩子一起观察和聆听别人的行为和语言：其他家庭，朋友，老师；网上视频，电视节目，或者歌剧，电影——所有你们可以进行观察和聆听的对象。然后一起讨论哪些身体语言成功传达了信息，哪些没有。
- 一旦孩子理解了在某个特定环境中哪种身体语言最适用，让他清晰准确地去想象，如果真正那样做会有什么样的效果。
- 让孩子学着使用身体语言，并和你讨论他是如何做的，以及效果怎么样。帮助他调整他的行为，以达到他期待的效果。

- 在上述的每个阶段，不断地表扬他做得多好，这是成功的关键。

如果孩子不能理解……

绝大多数孩子可以学会理解身体语言，但是有一些孩子的确不能。

- 如果你的孩子很难注意和理解肢体动作特征——而并非不愿观察和尝试——那就值得花时间去医院检查一下。自闭症的患者（其中大部分是男性）的一个典型症状是不能通过视觉观察注意到身体动作，这就会导致他不能理解身体语言。
- 如果你的孩子被诊断为自闭症患者，那么这本书恐怕不适合他。但是你仍然可以将本书的核心内容讲解给他听，帮助他理解什么是他本该需要做的。然后，如果你可以不断地通过语言，给他讲解别人的感受和想法，帮助他接收到他不能接收的信息，这样，他可以缓慢地学会这些技巧。
- 身体语言的策略与技巧不能解决某些非常严重的现实、医学或情感问题。在本书最后的附录“专业机构资源列表”中列举了一些社会组织。如果你需要专家的建议，你可以尝试联系他们。

最后，我要做一个事先声明：身体语言可不是无所不能的魔术。它既不能让问题少年一夜之间变回天使宝贝，也无法让乖戾的父母化身为无瑕的圣人。但是积极一点说，非口头交流技巧，给了你另一种视角和另一种策略；它为父母与孩子之间，架起一座理解和沟通的桥梁；它帮助孩子们获得更美好的童年，也帮助我们更加轻松地成为称职的家长。更为重要的是，身体语言是一门充满趣味的知识和技能，在阅读和学习中，你和你的孩子将会获得无穷的乐趣。

像呼吸一样自然，分分秒秒地，孩子们从环绕自己的世界中吸吮着养分。同时，他稚嫩的身体也在回应着世界。

读懂孩子的水晶心

首先，我要从最基本的东西说起——身体语言的建构，可能阻碍孩子所有的心理状态。就算刚出生的宝宝，每天好像除了吃就是睡，他们也在四种不同的心理状态中不停摇摆。宝宝的大脑呈现出四种不同的状态，他们的身体随之也呈现这四种状态。*了解人类的四种思维状态，是时刻把握孩子心思的关键。*

现在，我们来列出这四种状态。首先，警觉意识，又可以借用计算机语言称为“正常运行时间”。这种状态下，孩子们欢快而活泼的身体舒展着，吸纳和回应外面世界丰富的信息。萨拉 9 岁的时候，在花园里观察一只小鸟，边跟小朋友聊天，边美美地品尝她的花生酱三明治——再用计算机方面的术语来说吧，她在进行数据的录入和输出。这时候，萨拉的身体语言很明显：观察，倾听，抚摸，打手势，细心感受，聊天。

在那时，每隔几秒钟，或稍稍长的几分钟，萨拉会小小地歇一会儿，喘上一口气。这时，她的大脑意识进入第二阶段——“故障停机时间”，孩子在这个阶段处理刚才发生的事情，再借用几个计算机术语：信息存盘，数据分析，检索原有信息。比如，萨拉将小鸟的身影印在了心里，将小伙伴说过的话记在脑中，或者，想想要不要跟妈妈讨一杯果汁喝。出于本能，这一阶段她的身体语言反应十

你的孩子处于哪种思维状态？

这个表格可以帮助你通过一些标志定位孩子的思维状态。

	兴奋	低落	恍惚	睡眠
例子	观察花园中的鸟儿	思考朋友说过的一个事情	看电视；做白日梦	躺在床上睡着了
体态	直立或猛然坐下或躺下，取决于他的放松程度	有一些微小的姿态变化，倾斜头做沉思状	异常放松	倒在床上；俯卧
动作	不断运动并摆出各种姿势	有时会突然静止；比平时安静得多	没什么动作	大约一小时翻一下身
眼神	直视所有令她感兴趣的东西	眼神缥缈；眼球共轭运动；眨眼	闭上眼睛；抖动的眼皮；或者发呆	闭上眼皮，眼睛是静止的；做梦时会有快速眼球运动
言谈	变化的语速，节奏和音量	受思考的影响，语速会变慢或变得犹豫	没有；或者缓慢并且犹豫	有时说梦话
人体机能	呼吸节奏和心跳速度取决于他正在做的事情	突然深吸一口气代表恍然大悟；大呼一口气代表理解	脉搏，呼吸节奏和心跳都比平常慢一些	所有的身体机能都变慢了
孩子感觉	大部分时候没有意识到自己的感受，除非有强烈的身体感觉或情感冲击	更能意识到感情，意识到内部身体感觉	无意识的；或者阴沉而放松的	除非做梦，否则没有意识到内心感觉

分迅速，最直接而明显的标志就是萨拉会在瞬息间移开目光，眼睛做着“眼球共轭运动”，无意识地转动。她会向上、向下、向左、向右地察看。其实，婴儿出生的第一天，就开始这样做了，因此，是的，从那天起，你就可以留心察看孩子的思维活动了！

状态之三则不那么常见，往往出现在孩子需要较高专注度的时候，类似于一台电脑，如果运行程序过多就会突然死机，那么她的全身处于“等候运行”状态。也有人管这种状态叫“溜号出神”，但你无须担心，我们说的不是催眠过程中的出神状态，这里讲的“溜号出神”仅仅是指身体机能减速，忽然对外部世界失去了兴趣的短暂状态。萨拉在看电视，或者认真听 MP3，甚至只是有点发呆，她的意识也完全清醒，只是已经完全进入一个忘我世界。除非是像她的手机响了，有人递来一块巧克力这类对她而言比较重要的事情发生，否则，这个小女孩是不会对你的呼唤有所回应的。

第四种状态就是睡眠。意思不言自明，但是为什么要把日常的睡眠也算进思维状态的一种呢？因为，正是睡眠让孩子得以完全整合一天里发生的事，回顾、处理、存档。电脑是主要的备份工具。如果你的孩子整合出一个全新的生活方式和储存巨大的新信息库，那么，你可千万别觉得孩子睡得比我们成年人多得多是件奇怪的事。一个新生宝宝的典型睡眠模式是睡足一天 24 小时中的 17 个小时！宝宝需要睡眠，我们可能觉得容易接受，但是青春期的孩子也需要大量的睡眠，家长们大概会不解，其实这与婴儿睡眠多的理由是一样的。我们会在第八章中着重探讨。

平衡四种思维状态

话说回来，为什么我们要了解思维的四种状态？因为，这是了解孩子一天中分分秒秒经历的事情的关键。如果你不了解这四种状态，当一个孩子蜷缩在沙发上的时候，你只能大概判断出他是在睡觉还是在想心事。但是，现在你了解了思维的四种状态，你可以意识到哈哈大笑的宝贝的大脑在正常运行，一两岁的宝宝面带沉思的表情，说明他在故障停机状态，而你家青春期儿子如果长期沉迷于电脑游戏中，那么说明他的意识总是处于恍惚出神状态。

识别清楚孩子的思维状态，你也好知道该拿他们怎么办。这里，我要提醒你，我们倾向于把其中的两种状态作为核心状态，第一是正常运行状态，因为这与行为有关，第二是睡眠状态，因为这会让我们从疲劳的活动中恢复过来。不过，人们往往把另外两种状态视作值得怀疑的因素。所以，当你对着孩子侃侃而谈时，他们没耐心听（故障停机状态），而他们旁若无人似的看电视，就能一看好几个小时（恍惚出神状态），对此你当然会觉得不快。其实，你可能被误导了。处于故障停机状态和恍惚出神状态的孩子，都是在处理以及整合刚刚接收的讯息，这时候有人打断他们的话，一般来说弊大于利。

更好的方式是，不管孩子处于何种状态，我们都接受并尊重。一个 7 岁的宝宝处于故障停机状态，这时，如果家长想陪他玩玩游戏，还是先算了吧，就让他独处一会儿，当他想玩的时候，自然会让你知道的。5 岁的小男孩围着屋子跳来跳去时，可别让他马上停下来，跟他说件什么事，他需要一点时间从活跃期过渡到安静期。你一直在教育 14 岁的女儿，而她似乎一直在神游溜号，这极有可能意味着她的大脑已经有点超速运转了，这时，你一定要尽可能地简化灌输信息，放缓节奏，说的话简短些，让她容易接收。

如果孩子跟你承认，他很难从一个状态自然过渡到另一个状态，那么请看下面的内容，我介绍了如何在开机和停机状态之间转换，还有之后解释如何走出睡眠状态。

改变状态

如果你的孩子到了一定年龄，可以理解兴奋状态和低落状态的不同了，他可能会想要在两种状态间自由转换——从思考如何写一篇作文的低落，转换到遇见朋友的兴奋，或者反过来。这里解释了具体的转换过程。

从低落转到兴奋

- 抬起头
- 看某人的眼睛，或者专心地看点东西
- 仔细听当下可以听到的东西
- 用嘴吸气 10 次
- 用嘴呼气 10 次
- 把上述行为重复五次

从兴奋转到低落

- 低下头
- 眼观鼻，鼻观心
- 眨几次眼或者闭上眼睛
- 用鼻子吸气持续 5 次心跳的时间
- 用鼻子呼气持续 5 次心跳的时间
- 把上述行为重复 5 次

人的五种感觉渠道

“嘟——”孩子的大脑开机了。他正在获取信息，给予反馈，然后记录下更多外界对他反馈的回应。他的大脑在全速运行，生理上和精神上，所有的感觉渠道油门大开。何谓感觉渠道？这是一种新的说法。

即使在阅读本书之前，完全不懂身体语言的你，也应该听过感觉渠道。它们就是你的基本感觉——视觉、听觉、嗅觉、味觉和触觉。那个最后一种感觉——触觉，被我重新命名为“动觉”这个概念，我认为，第五种感觉不应当局限于肢体的接触，温暖、感动、平衡、肌肉感觉，以及我们身体内部汩汩流淌着的所有感觉，都应当包含在内。

有趣的是，要知道，孩子感觉渠道伴随他的成长而不断变化着。来到这个世界之前，婴儿只具有知觉和听觉，他感觉着妈妈暖暖的体温，子宫里些微变化，聆听着妈妈心跳的轻柔声音；而刚出生时，他也无法看到几英尺以外的世界。但是，他会突然发现使用鼻子和嘴巴的快乐，这种快乐刺激着他吃啊吃，不断地进食，从而生存下去。他会仍然记得自己在妈妈子宫里的种种感觉，所以如果想哄好一个哭闹的婴儿，使他平静下来的最好办法就是，把他紧紧地抱在怀里，贴近你身体的左边，让宝宝可以聆听到你的心跳声，温暖而舒适。

随着孩子慢慢长大，嗅觉和味觉渐渐淡出舞台背景，仅仅作为探究的工具，因为不同于远古时代，我们人类已经不会从比超市更远的地方获取食物了。所以，只有 7 个月大的婴儿才会把什么东西都放进嘴里，想用舌头尝尝滋味然后了解它，一个 7 岁的孩子只会在吃饭时才动用味觉，除非什么特别的事情勾起了他的兴趣，才能让他“大开尊口”。

*视觉和听觉变得越来越重要，所以到了蹒跚学步期，我们有了一个小大人，他的眼睛和耳朵已使他适应了成人世界。*在这个世界中，他将用一生的大半时间观察、阅读、对话、倾听和书写。

选择最合适的感觉渠道

弄明白孩子最喜欢使用的感觉渠道可不是出于好玩，这对了解和帮助孩子成长大有裨益。他习惯视觉、听觉、动觉、嗅觉还是味觉？一般来说，孩子们喜欢视觉或听觉，而感觉渠道的选择，决定了他体验世界的方式。选择视觉渠道的孩子，往往拥有较好的图像感，喜爱读图，在学习中，直观的视觉会比听觉更有效。选择听觉的孩子则节奏感较强，平时喜欢听音乐，所以在学习中，用听觉接收讯息要比使用视觉来得容易。

对孩子们来说，熟练使用越多的感觉渠道，越有助于他的成长。所以，习惯使用听觉渠道的孩子，家长应该送他去学习外语，你也可以再问问他，是否愿意学一门乐器，平时你在做饭或开车时，可以开着收音机放着音乐，尽量培养他的听觉能力。如果你的孩子喜欢视觉渠道，那么就多带他去画廊欣赏艺术品，在他房间的墙上多贴几张海报，或者送他去学绘画，让他逐渐培养起对视觉艺术的兴趣。同时，为每个孩子提供更多做园艺和制作食物之类活动的机会，这样有利于提高他嗅觉和味觉的敏锐度。同时，也让孩子多接触舞蹈或制作模型等等提高运动感觉的活动。总之，拥有越多的感觉渠道，孩子将越多地从外部世界获得乐趣。

来自身体内部的信号

像呼吸一样自然，分分秒秒地，孩子们从环绕自己的世界中吸吮着养分。然而，接下来呢？接着，他的身体回应世界。当他听收音机，看画展，或者跟你讲讲今天发生在他身上的事情时，他身体里像是安装了一个电池组，不断向他发送信号，告诉他面前这些纷繁的事物中哪个才是重要的。

心跳的快慢，血压的升降，荷尔蒙分泌的增减，呼吸起起伏伏，这些信号发自于孩子身体内部，自动地，甚至不受控制地（因此也是极其可信的），不断向孩子的身体传递着知觉，或含蓄或直接地提示他有哪些事情需要注意了。*对孩子们来说，身体内部的信号是十分关键的信息来源和动力源泉。*

以最直接的身体反应为例，比如告诉他太冷或太热了，饿了或口渴了，该去厕所方便方便了，口干舌燥该喝水了等等。还有提醒他什么是有趣的，什么是危险的，促使他对某位身边的人产生好感，或是让他感到环境的嘈杂及不友善。

作为成年人的我们，可能早已不再注意这些来自身体内部的呼唤，而我们的社会早已不关注这些信号。当然，我们会自我开导，所谓身体语言哪里是这些微不足道、玄之又玄的信号？但是，我们是大大地错了。身体内部的信号是最重要的初始身体语言，是十分关键的信息来源和动力源泉。

如同电脑一样，孩子的身体也被先天设定为可以获得各种各样的快感——他们的身体驱使他们产生食欲、口渴感，除了这类基本生理需求以外，来自身体内部的信号，还教给孩子去探索知识，回应外部世界，与他人沟通，支持和鼓励有需要的人，跟爱的人表达爱意等等。当然，孩子必须去做诸如此类的事，这是人类不可或缺的社会行为。同时，疼痛感也被设定在孩子的身体内部，既包括受伤或生病时的痛感，也包括对他人的不信任感、畏惧感和愤怒感，感到疼痛，才能让孩子免于长期处于生理或心理的危险境地。对于身体内部的感受，孩子了解得越多，体会得越清晰，对他的成长和成熟越有利。

对家长来说，多掌握一些孩子的身体信号，也会让我们更加接近孩子的世界，当他们成长到可以跟你清楚描述这些信号时，你就好像与他的内心世界建立了热线电话一样，随时拨打，随时聆听他的想法与感受。

洞察身体内部的信号

这里我先要敬告各位家长。想洞察到身体内部的信号绝非易事。*有时，成年人也无法分辨出自己的某种内心感受。*试想一下你自己，有多少人能保证可以准确识别并描述出自己内心的感受？有时，当我们勉强地承认压力比较大的时候，以科学数据来衡量，我们的心率和肾上腺素已经远远超出正常的指标。

所以，你的孩子很可能需要你的帮助和教导。千万要避免一些笼统的问题，像“哪儿感觉到饿了”，或“哪儿觉得高兴”。如果他刚开始学习身体语言，他只能回答你“哪儿都饿”、“哪儿都高兴”。相反，你应该针对具体部位问一些非常具体的问题，帮助他精确定位他的某个身体部位产生了怎样的感觉。舒服还是难受？身体感到沉重还是轻盈？嘶嘶作响还是很平静？如果孩子在很小的时候就懂得了这些，你还可以给他一幅身体轮廓图，他可以在图上着色，这样他就可以随时提醒自己，某种感觉来自于哪个身体部位，身体上哪些核心地带会产生感觉。你还可以教给孩子将感觉划分等级，从最低一级到最高十级。你和孩子可以一块儿监测他的整体身体感觉，另外，你还可以鼓励他汇报自己的身体是否在呼唤他人的帮助。例如，一个不喜欢去医院检查牙病的孩子，把之前由害怕看牙而紧张所引起的肚子痛划成七级的话，那么，一次还算愉快的看牙经历就可以让他把紧张感改成三级。

还有一种方法，*问问你的孩子，他的种种感觉是不是有“形”的，比如是否像某个东西，某类动物或者某个卡通人物。*如果他能够化虚为实的话，你得把他的比喻对象记下来，等他将来再说起这种感觉时，也就不会那样缥缈得难以把握了。5 岁的乔治告诉妈妈，每当他觉得饥肠辘辘时，肚子里就有一只睡醒了的老虎用爪子挠他的胃；等他吃饱了之后，那老虎就打着呼噜睡着了。8 岁的艾萨克告诉大人说，他的脊柱就像一根细细的管子，当他精力充沛和信心十足时，那管子就是根坚硬而闪烁光芒的管子；当他疲惫和生病时，那管子就变得疲软而黯淡无光。我们不难想到，这些生动有趣的信息对乔治和艾萨克的父母来说该多么有帮助啊！

思维的外在标志

说到这里，我们可以总结一下了。孩子们通过感觉器官从外界获取信息，而对这些信息的反应又在体内产生了内在身体语言。

然后信号又逆向发展，身体外部表露出了外在身体语言。这就涵盖了你所看到听到的孩子的所有举动：挥挥小手，脸上一掠而过表情，注视着你或环顾周围的样子，身体不同部位的肤色差异，语调的不同，呼吸的起伏——孩子生命中的每小时，每分钟，每秒钟，都在向外部世界传递着独属于他的信号。

而那些能强烈并经常引发他传递信号的事情，就是对他影响最大的东西，可能是他喜欢的某样事物，如美味的冰激凌，舒适暖和的热水澡，当然也有可能是像花椰菜或刺骨寒风之类他极度反感的东西。黛西的母亲这样描述女儿在画画时的一些举动："整个上身向前倾斜，紧贴着书桌……目光紧紧盯着她的画……脸上还带着神秘兮兮的笑……"布朗温的母亲说，当布朗温不想吃那些难以下咽的药片时，"身子往后缩……头转到别处……眼泪汪汪……小脸煞白。"我们注意到孩子的身体语言之后，你就可立即获知孩子生命中任何一个瞬间的细微感受。

我这样反复强调父母们要关注孩子的身体语言，原因与身体语言的重要性一样，它是了解孩子最重要的渠道，实际上任何想要了解自己孩子的人都要关注他们的身体语言。关注，至关重要。因为你的真正工作是要对孩子有所回应——孩子可能想多来点冰激凌，想在浴缸里多加点热水，可能痛恨吃那么多花椰菜，害怕外面凛冽的寒风，她也许早已深深迷恋上绘画，期待你给她更多的机会去学习画，也许永远不想喝那种难闻的药水。当然啦，如果孩子长到足够成熟的年纪，他可以自己处理这些事情，主动实现自己的想法，但是从我们人类出生起，身体语言的蛛丝马迹就被编进人体的生理程序中去了，所以在他没长大之前，他会一直用身体语言来提醒你去满足他们的愿望。他所发出的信号就是提醒让你和其他身边的人，随时"待命候召"。

孩子们最关注什么？

下表中列举出的标志值得关注。你越经常越长时间和越强烈地观察到它们，说明你的孩子越迷醉或排斥某件事物。

看到的		听到的		感觉到的	
喜欢： 积极的关注	厌恶： 消极的关注	喜欢： 积极的关注	厌恶： 消极的关注	喜欢： 积极的关注	厌恶： 消极的关注
例子		**例子**		**例子**	
彼得，两岁，看见一个玩具	看见一个怪兽面具	听到一首新的音乐	受到鞭炮声的惊吓	被妈妈抱着	被不认识的亲戚抱着
体态		**体态**		**体态**	
坐直，伸长脖子，下巴向上抬起	向后缩	坐直，伸长脖子	缩起来，耸肩	身体是张开的；放松，手臂变软；贴着妈妈	身体是紧缩的；变得僵硬并蜷在一起；抗拒拥抱
动作		**动作**		**动作**	
指着那个玩具，转向它并移近	指着面具，转向别的方向，后退	像被揪住耳朵一样伸长脖子，歪着下巴听	捂住头或耳朵，埋起脸来阻挡声音	舒服得在怀里拱以增强感觉	非常安静以减少感觉
眼神		**眼神**		**眼神**	
睁大眼睛，瞳孔扩大；开始是长时间盯着玩具看，然后时不时就看看那个玩具	闭上眼睛；看别处或者看下面；当被要求看向面具时拒绝	眼睛可能会望向发出声音的方向	左看右看，好像要躲避声音	眼睛的注意力下降，或闭上眼睛，以更加集中地感受触觉	睁大眼睛以表示警戒以及不舒服
面部表情		**面部表情**		**面部表情**	
笑；扬起眉毛，在额头上堆起皱纹	皱眉，脸部紧绷，或者脸色变白	笑	皱眉，脸部紧绷，或者脸色变白	笑	皱眉，脸部紧绷，或者脸色变白

（接上表）

言辞		言辞		言辞	
笑	呜咽或者哭出来	安静认真地听；或者笑	发出一些自己的声音以遮挡别的声音；或者大哭以寻求帮助	笑，声音的音高变高	哭着叫妈妈；声音的音量变低
皮肤		**皮肤**		**皮肤**	
肤色变深	肤色变白	肤色变深	肤色变白	泛上一层健康的光泽	肤色变白

接下来我要说的是对你真正有用的东西：孩子的身体会一直向你发出求救信号——即使你不能马上收到他们的信号——告诉你他们到底需要怎样的帮助。一项长期观察55位妈妈和她们的新生宝宝的研究令人惊讶，即使是婴儿，也可以通过姿势、手势、表情和身体运动非常准确地向他人传递信号，表明他想要的温度、声音和东西。做过父母的人都知道这个常识：宝宝的哭声是不同的，即使宝宝不在我们的视线范围内，我们也可以通过分辨哭声来判断他想要什么——饿了？该换尿布了？还是仅仅需要我们过来疼爱他一下。

思维的体内信号

阅读下面这部分内容，可能需要动用一些想象力，因为我在讨论下面问题的时候，运用了大量的譬喻，请容许我这样做，我自有我的道理。孩子的感官渠道传导了大量的来自外部世界的信息，景象、响声、气味、味道、动态感觉，而孩子大口大口地吞咽着这些。所有经历过的事都印在他的大脑中，脑海中的回忆供他反复怀想，琢磨，回味，含英咀华，然后重新织成瑰丽的幻想，美妙的未来。通过大脑的“眼睛”和大脑的“双耳”把感觉和情绪记录下来，我们称之为“思维渠道”。

举一个 6 岁小男孩迦勒看马戏团表演的例子，迦勒在表演场度过了两个多小时的快乐时光，他将这些美好记忆牢牢地印在了大脑中。当然，印的可能都是一些记忆碎片，断断续续却光芒闪耀——那小丑滑稽可笑的嘴脸，那一阵阵打雷似的鼓点声，表演场上飘扬着的奇怪的锯末气味，还有至今仿佛还残留在舌尖上的棉花糖的香甜滋味，剧场里硬邦邦的椅子，自己看得兴奋时，肚子里“啵啵”颤动的奇妙感觉……

在接下来的一个星期里，迦勒一有空就会想起马戏团表演的好玩经历。他把大脑中的记忆碎片当作火种，慢慢点亮想象空间的一盏盏灯火，他美美地盘算着如果下一次妈妈再带他去看马戏团表演，他准能挣脱掉妈妈的手，跑到马戏团里去当个称职出色的小丑。在小迦勒的头脑里，他一下子变身成了一个最出色的小丑，这种想法在想象空间里自由飞扬，当小丑的各种有趣经历幻化成画面、声音、感受，就跟他上次真实的经历一样，让他感到格外快乐。那心底里兴奋而刺激的感觉，跟上次坐在看台上一样真实。

思维的体外信号

我们很容易看到思维的活动，因为，*孩子的实际经历、真实记忆和无际幻想所引起的心理活动和大脑反应，都明白地表露在身体外部，形成一种思维的体外信号。*好比当迦勒忆起那个小丑时，身体反应与真切看到小丑时的反应完全一致，他会立刻挺直后背坐好。想起那欢乐的音乐时，迦勒的头会微微倾侧，仿佛重现第一次听到音乐时的情景。他也会反复重温当时的兴奋，并频频微笑。

有心理学家表示，伴随这些明显的信号，迦勒眼球细微的运动也可以透露他的思维状况。目前没有什么严谨的依据可以证明这条结论，但是这足以使得它值得人们探讨一番。美国心理学家理查德·班德勒和乔·格瑞德认为，当人类在唤起回忆或塑造幻想的时候，他们的眼球运动会显示出思维状态。

即使我们不能精确描绘出迦勒的思维世界，至少我们可以说，他在用大脑观察、聆听和感受，追忆过往经历和畅想未来生活。(班德勒和格瑞德认为，另外还存在一种渠道——心理话语，就是人类思考问题时所使用的语言，好比迦勒在思维活动中告诉自己他是一个优秀的马戏团小丑一样。)

下表列出了四种主要思维渠道，以及如果孩子们正在使用思维渠道时身体所发出的信号。美中不足的是，孩子们会一个接一个或同一时刻向你发出各种信号，让你应接不暇。作为家长，我们不得不时刻关注他们，稍不留心，就会错过他的身体信号。

读懂孩子的身体信号

这些身体信号能为我们提供哪些有用信息呢？当然不可能是具体细微的思维内容了。我们想想看，没有人可以穿越身体的界线，登堂入室，进入孩子封闭的世界中，鲜有人可以获知那个世界中的内容。但是，孩子的体外信号，至少可以引领我们稍稍窥探一下他们的世界，当一回坐在廊子之间的客人。如何做个好客人，更好地了解我们做客的“主人”的世界？首先，我们需要时刻观察孩子，也需要获得关于身体信号的知识；然后，我们既知道好多孩子的事情，也了解大量的生活常识，当我们把这四种知识融合起来时，我们就是位好客人。

还有一些提示需要强调。如果孩子的身体语言表示出他的大脑正在呈现视觉画面，那么画面的内容极有可能是他最喜爱、最珍视的东西，比如他经常去的某个地方，给他留下深刻印象的人。如果你察觉到，孩子正在想着与声音有关的内容，那么可能是一次印象深刻的对话，抑或一首美好的歌。如果身体信号告诉我们，孩子正想着动觉方面的事，那大概是他碰触到或者感觉到的事物，但更有可能是情感挫败或生理不适。另外，孩子有时会在心里跟自己对话，如果你察觉到了，那么你可以基本确定，他要么在为自己加油鼓劲儿，要么在检讨自责。知道了上面所说的这些信息，你至少可以开始第一步的尝试了，探索适合自己的方式，提出任何你想获知的问题。

当 10 岁的凯西被问起，“今天在学校过得怎么样”，她环顾左右（忆起某种声音），目光下垂（记起某种情绪），皱皱眉头和小鼻子。这时，凯西的爸爸就算不知道他的宝贝在学校里到底遭遇了哪些事，但至少，他可以猜个大概。这时，当爸爸的可以问，“是不是有人跟你说了难听的话？”或者，“老师是不是批评你了？”八九不离十。

思维渠道的选择

有时，孩子们会觉得某种感受更具吸引力，很自然地，他们会爱这种富有吸引力的思维方式。比如，有的孩子乐于回忆和想象所见之事，有的偏爱所闻之事，有的倾心于所感之事，还有些孩子可

四种思维渠道

此表中包含了关键的标志。你可以用下面的方法校准这些标志：当孩子思考时观察他的身体语言，然后问问他思考的是图画、声音、感觉或语言。

	视觉	听觉	感觉	语言
孩子什么时候会用这种思维渠道？	当思考看到的东西时	当思考听到的东西时	当思考感觉到的东西或感情时	当使用语言思考或进行内心独白时
例子	回忆或者想象一幢树屋	回忆或者想象一种鸟鸣	回想起树屋墙面的质感，感到兴奋	告诉他自己当时是多么快乐的一段时光
你会看到什么动作？	托着脸好像看见什么一样；手向眼睛移动	有节奏的动作；手向耳朵移动；手臂环绕身体	斜靠着；双手抱着肩；把脸埋在怀里	微笑的嘴唇或者喉咙的动作；手向嘴移动
你会看到什么表情？	眉毛扬起，在前额堆起皱纹	头歪向一侧，好像在听什么	表情随着感情的变化而变化	歪着头，托着腮
他的眼神会怎样？	先向上然后移动到他的左侧（回忆中的画面）；移动到右侧（想象中的画面）；或者眼神杂乱	眼睛从右到左（回忆中的声音）；从左到右（想象中的声音）	先向下再向右	先向下再向左
呼吸会如何？	呼吸变浅，吸气到胸	更浅，呼吸基本都在胸部	呼吸会深一些，低到腹部	呼吸在胸部
他会怎样说话？	语速变得更快，反映出画面变换的速度，音调更高	清晰，有时会和着音乐的节奏	经常是低沉缓慢的，更安静	简练而干脆，或者被他的内心独白覆盖
他会说什么？	形象的词汇，描述形状、大小、颜色	表达速度、节奏、音调等	表达触摸、味觉、气味和情感	评论性的词句：对于事件的判断而不是描述

能喜欢在头脑中自言自语。同样地，有些孩子可能不擅长在脑海中绘成记忆的画面，有些难以记录声音或说话语气，有些不能把零星的记忆与感受汇成完整的回忆，还有一些孩子觉得细细品味种种情绪是件颇为困难的事情，而另一些则很难用语言构成思维。

我说话时请看着我

喜欢“看”的孩子经常需要看到和他对话的人，感觉到对方在注视着自己，认真地听他说话。喜欢“听”的孩子却需要在说话时看着别处，这样可以让他们更好地集中精力——如果他们被强迫在说话时注视对方会使他们很不舒服。你很可能已经猜到了沟通上可能出现的难题。如果你的孩子喜欢“看”而你喜欢“听”，那么不要闪躲他在谈话时注视你的目光，即使你不能盯着看他的眼睛，也要通过目光接触告诉他，你在认真听。如果你的孩子喜欢“听”而你喜欢“看”，记住即使他在左顾右盼也是在集中精力。如果在谈话时他对于你注视的目光感到不舒服，尝试看着他的嘴，别盯着他的眼睛。

在孩子形成思维的过程中，视觉、听觉、动觉和脑内对话四种思维渠道缺一不可。如果哪一个思维渠道没有得到很好的利用，别说应付学校学习和考试了，就算是面对外部世界的日常活动，他们也将吃不少苦头。所以说，你一旦注意到自己的孩子仅仅善于使用某种渠道，却完全不会使用另外几种渠道，你一定要帮他们，使他们尽快学会使用。这在《展开美妙的学习之旅》一章里有更多的建议，大家可以参读。

选择最合适的思维渠道

了解四种思维渠道，不仅有助于你搞清楚孩子在想些什么，还可以使你更好地与他沟通。大多数时间里，孩子多半选择视觉和听觉思维渠道，你要确保你与他正处于相同状态。

因此，你的孩子若是偏爱听觉渠道，如果你想获得他的注意力，只管叫他的名字，然后说出你想说的话。记住，你的声音一定要清晰可辨，说到需要引起他注意的重要内容时，在声音和语气上要加以强调。同样，如果你的孩子喜欢使用视觉渠道，你就站在他面前，站在他看得到你的位置，这样你当然会很容易引起他的注意。当你跟他沟通时，记得多多使用手势和面部表情之类的视觉线索，这更有助于孩子捕捉信息。

此外，你还得考虑一下你的思维渠道选择倾向，想想看，一件对你而言很重要的事情，你一般会关注它哪方面的特性，是外表、声音还是它带给你的感觉？如果你忆起一件事，是在脑海中浮现出一幅相关联的画面呢，还是会听到一个讲述它的相关故事的声音？如果你选择的思维渠道与孩子不同，当你们交流沟通时，就相当于你们各自操持着一种语言在对话。所以请尽力跟随他的步伐，与他保持一致，去看、听和感受他正在关注或回忆的事情。

利亚姆今年 8 岁，他从来记不住别人交代他的话。他不善于使用视觉渠道的妈妈总是生气地质问他：“我怎么告诉你的，别总把冰箱门敞开着！”当妈妈注意到利亚姆在试图回想她的指令时，总是目光下垂，她突然意识到孩子习惯于用视觉思维，而不能逐字记住她用语言对他发出的命令。于是，她改变了对利亚姆的教育方法，她把利亚姆带到冰箱前，让他打开再关上冰箱，重复几次之后，告诉他：“记住，你先打开又关上了冰箱。”如此一来，利亚姆的脑海中就形成了一连串该如何处理开关冰箱门的画面。如果像这样以他能记住的方式给予他指示，那么很神奇地，利亚姆会变成一个乐于遵守家长指令的乖孩子。

读心术袖珍指南

- 孩子眼睛和头部的运动揭示了他正在使用的思维渠道。
- 动作和手势、姿势则展示了他思维的细节和组织结构。
- 他的眼睛、眉毛、嘴和手的形状表示他正在感受的感情。

“会说话”的身体活动

我们已经解开了感官渠道、思维渠道和眼球运动之谜……但是，还有最后一片拼图空白还没有被填满。那就是，使用手势和身体的移动。这两样是孩子大脑思维的很好补充，也能显示他是如何整理自己想法的；当然，我们可以大概了解孩子的某些想法，但是我们不可能获知他们那些奇思妙想的微小细节。在我的调查问卷中，我毫不惊讶地发现家长们普遍把手势看作可以排进前三名重要性的身体语言中。塔尼娅的爸爸告诉我：“塔尼娅的两只手总是到处乱摸。”还有人说：“我家 4 岁的女儿说话时，总是一刻不停地用手指头帮她表达。”

孩子的“时间线”

如果你的孩子已经成长到有清晰的时间概念，那么他就会理解这里提到的“时间线”的概念。当他谈论或者思考与时间相关的问题时，这个概念会反映在他的身体语言中。

让你的孩子想想几天前发生的一件事以及另一件将在几天后发生的事情。分别问他每一件事在他头脑中是在什么地方看到的——相信我，如果他会使用钟，他就可以做这件事。然后让他用他的手指画一条线，一条想象中的线，将过去和未来连起来。这就是他的“时间线”。下面是一些使用“时间线”概念的技巧。

- 如果你孩子的时间线穿过他的身体，经常是从后到前，他的时间模式是“置身时间轴”模式。他会看到过去的事情在他的后面，现在的事情在他身体里，将来的事情在他前面。
- 如果你孩子的时间线平行地出现在他的面前（身体外面），无论从左到右或者从右到左，他的时间模式是“面对时间的流逝”。他会看到过去在他的左边，未来在他的右边（在从右到左书写的文化中这个方向会刚好相反）。

上述内容会有帮助于：

- 帮助你理解为什么你的孩子总是以这样或那样的方式管理自己的时间。“置身时间轴”的孩子不能很好地做计划（因为未来看起来很模糊）；但是因为他们可以把发生过的事情放在身后，他们不会在一件事上纠缠不休。“面对时间的流逝”的孩子可以清晰地把握时间（因为时间展示在他们面前）并且准确地制作和遵守计划；但是因为他们永远可以看到过去和未来，这使他们容易陷于对过去的悔恨或对未来的担忧中。
- 帮你判断出在某个情境下你的孩子是在思考着过去、现在还是未来。他会转头，注视或者做某些姿势，转到特定的方向：看代表他过去的方向表示他在回忆或对反思回忆片段；看代表他未来的方向表示他在想象或者幻想。

- 帮助你的孩子了解别人是怎么控制时间的。如果他的一个朋友约会总是迟到的话，那么让你的孩子知道他的朋友是一个“置身时间轴”的模式就会有所帮助。所以他的那个朋友在做到准时方面总是需要别人提醒。

首先，作为人类的一种本能，使用手部动作往往是孩子们表情达意时的首选身体语言，特别在词穷或者词语无法准确表意时，手势就显得至关重要。欣喜快乐时，孩子们张开双臂，尽情挥舞；愤怒发火时，孩子们像拳击手那样，向空气猛挥着拳头；当原本耸着的双肩放松下来时，则表示他们大大地松了一口气。孩子们稍稍长大一点儿后，这些手势做起来会离身体更近一些，幅度小些，动作简洁，看起来不那么夸张：他们不再像小时候那样常常开心地挥着双臂，而仅仅是摊开双手，这个动作就足以表达他的快乐和欣喜了；紧握的双拳代替了拳击式的击拳动作，用来显示他的愤怒。

其次，孩子在不断模仿他的所见所闻，他们的身体就像电影屏幕一样，持续放映着大脑中正在呈现的内容。3岁的菲比说：“火车朝那边去了。”说这话的同时，她的手微微地上下颤着，从左向右快速地比了一下，一根指头指向那个方向。这一系列的动作表示，菲比想告诉爸爸妈妈，那列火车在她面前驶过，从左往右迅速地驶走，而且她还想强调火车那种独特的节奏引起了她的注意。

再有就是那些标志性手势，它们早已被大家赋予固定的文化意义，比如挥挥右手代表“再见”，伸出一根手指代表数字“1”，而一根手指放在嘴唇中间意为“请保持安静”。大概到了三四岁，孩子开始学说话的时候，他也就开始学着大人们常用的那些手势，在学习和使用中逐渐了解它们的含义。家长们还要注意一些由文化差异带来的手势意义上的差别，比如左右摇晃头在英国表示肯定，而在一些国家则代表否定，如果你带着孩子去国外旅行，要记得向孩子解释一下。

最后，要提提那些有隐喻含义的手势，这类手势直到孩子 9 岁之后才会开始尝试使用。例如，在空中草草地画一个圆圈，表示一个亲密无间的家庭；用手做一个空手道式的砍的动作，意味着“就此了结，与我无关”。这类手势传达的意思颇有些复杂微妙，得对语言有点经验才能体会。据说，从文艺复兴以后，人们才开始使用这些手势。

也学学那些手势

关于那些可以表达意思的手势，我们是否需要教会孩子们怎么使用？其实不必。孩子们大多可以自然而然地掌握各种手势，尤其是在上小学前的幼儿园时期，孩子们还不能自如地使用语言，这时使用各种手势可以帮助他们完完整整地讲完一个故事。如果孩子在幼儿园或学校里，由于没有用好手势跟老师或同学沟通受阻，面对沮丧的孩子，我们需要做的就是，在家里让打手势成为孩子表达意思的“保留节目”，并尽量教他们准确、清晰和正确地使用手势表意。（让孩子坐好，慢慢地用小幅度的手势教给他，比正儿八经地像上课似的教导孩子，效果要好得多。）

身体语言的标点

当我们说话时，我们的动作信号起到强调或者暂停的作用，就像文字表达中标点符号的作用。伴随着孩子成长的过程，他会模仿周围人说话时的动作，不过其实出生时他就会一些“基本功”了：波士顿大学的一项研究表明，在八天大的时候，婴儿就会随着别人说话时词与词之间停顿的节奏移动身体；并且即使远在中国或者意大利的婴儿也是一样的！一个更加引人注目的现象是婴儿只有在人们说的话有意义时才会那样动；如果周围的人胡言乱语的话，婴儿就会变得非常迷惑而停止运动。下面是一些典型的“标点符号”动作。

孩子说话的内容	典型的“标点符号”动作
专门强调的词：“妈妈”，“可爱”	在说话开始或结束时眨眼睛
感情上非常重要的词汇：“我要那个！”	挺直的脖子、眼或手的动作，变换支撑脚
描述性词汇：“大”，“红”，“软”	撑起眼皮
在重要句子的起始	站立位置的小幅变化
句子的中间停顿，“逗号”起作用的地方	向前或向后倾斜
句子的结束	手和头的组合动作
问题	挺直的脖子，抬眉毛
感叹	急剧的手部动作或转头
结束思考，文章中段落的节点	站立位置的大变化，转换腿部或身体的动作
结束一个话题，换另一个话题	摇头或扭头
轮到一个孩子说话、结束时	摆手并转身向下一个要说话的人

其实，鼓励孩子使用身体语言的最佳方法，就是让他产生成就感。你时刻让他知道，他跟你边打手势边说话，比起光说话更能让你明白他的意思。所以，家长们要注意啦，你的孩子也许正随时随地告诉你他脑子里的念头呢！放学回家了，如果他边漫不经心地挥着手，边说起今晚一项项要完成的作业，那很有可能是他记不清到底有哪些作业要做了，这时候你可以试探地问他："需要我帮你琢磨琢磨吗？"如果他能用5个手指头数清楚有多少项任务要完成，这就值得大大地表扬一番，那说明他头脑清晰，并准备好要完成相应任务了。你也可以像他一样伸出手指头，提醒他下一个该做哪科作业了，这样一来，孩子会感到与你的沟通轻松愉快，也乐于接受你的建议和管教。

当然，与孩子在一起，我们应该永远追求一个原则——让一切变得饶有趣味和富有吸引力。想学习真正有趣而实用的手势，那么去看看市场上的小贩们是如何打着手势讨价还价的吧；旅行中或看电视时，不妨注意观察意大利人说话时那生动风趣的手部动作！和你的孩子一起试试度过一个"无声"之夜，只用手势来告诉彼此今天一天都发生了哪些事。

还有一种观点认为，有一种身体语言能够帮助婴儿在学会说话前与他人进行交流。学界对此还没有定论，但是在我看来，这种语言系统的缔造者似乎忘记了一个事实，按照人类发展的规律，即便我们家长愿意耐心聆听，婴儿并不具备向他人提出要求和需求的能力。

手势词汇表

使用下面的手势信号并让你的孩子来模仿，以此帮助他掌握手势的艺术。如果前往别的国家请小心：不同的文化使用不同的手势。

宝贝	交叉双臂，从一侧摇摆到另一侧	**可能**	头、肩膀和手稍稍倾斜
过来	向对方招手	**不**	在许多国家是摇头
一定	坚定地向下的手部动作	**相反的**	手掌反复翻转
容易	张开手掌，把手臂离开身体作摇摆状	**积极**	伸出大拇指
流动	手指呈波澜起伏状运动同时把手在身前从左移动到右	**安静**	食指放在嘴前
例如	伸出一只手，手掌张开	**减轻**	突然下落的身体动作
走开	手掌从身体向外推出	**困了**	头部突然偏向一侧，眼皮和嘴角下垂
快点	手向内旋转运动	**停**	轻微地抬起手或手指
我	手指向胸脯上半部分	**不高兴**	头部向后，皱鼻子
我知道了	打一个响指，抬眉毛	**暧昧**	张开手掌并波浪状摇手
就这么多	食指和拇指离开一个很小的距离，将其放在脸前	**等一等**	伸出食指放在胸前，抬眉毛
我们走吧	身体在某一个方向突然移动	**是**	在许多国家都是点头

从很小的时候起，孩子们就开始从他人那里探求学习技巧。

展开美妙的学习之旅

孩子生来乐于探求知识。就算是学校里最无聊的一堂课，孩子们还是愿意学有所得。为了觅食、探路或者跟随母猩猩，小猩猩也热衷于探索外部世界。而在人类社会，即使在只需吃饱睡足的早期发育阶段，探知、了解和学习外部世界已经成为我们内心深处的渴望和冲动。有一项调查结果表明，4 个月大的婴儿不管在饥饿还是吃饱的时候，都喜欢寻找食物。

每当见到一个新鲜事物，孩子自然而然便会产生疑问：这是什么？它有何用途？这是孩子形成学习愿望的最基本因素。襁褓里的婴儿和蹒跚学步的幼儿用眼睛观察环境，用稚嫩的双手触摸事物，用舌头品尝食物，因此，求知欲可算是一种生理冲动。而几岁的孩子就可以用大脑思考问题，用心关怀他人，打开思维空间展开想象，这样一来，我们又可以把求知欲归为心理冲动。无论是以上哪种情况，对外部世界那些琳琅满目的新奇事物的着迷，是孩子们求知欲的源泉。

人类总是在关注着周围的新鲜事物。不熟悉的事物一旦出现在我们的世界中，通常来说，要么代表某种危险，要么打开某种机遇，无论如何，都值得并应该获得我们的关注，并对它采取相应措施。因而，从出生那天起，孩子的感官通道对那些新鲜的、变化的事物格外敏感和警觉，例如身边出现的陌生人，第一次见到的新玩意儿；几年后，从未有过的想法、刚学的道理和初次接触的新鲜观念，都会通过感官渠道被孩子的大脑吸收进来。只要这些新鲜和变化的事物是无害的，没有威胁的，那么，孩子就会对它保持旺盛的求知欲，总想一探究竟。从之前的图表里，我们可以查到典型的身体信号：睁大双眼，兴致盎然，专注地观看，身体前倾，心无旁骛，当这些信号出现时，说明我们的孩子正在探知世界，获取知识。

一旦孩子把这些新鲜而变化的事物牢记在大脑中了，他就开始试着重复这些事情，这来自于人类乐于回应世界的固有习惯。一个6岁的小男孩亚当，刚得到一个新玩具，他就“来回拧，上下左右地扭转，再用嘴巴含着咬”那个新玩意儿，用各种方法摆弄着它；2岁的威尔刚刚学会了把水从盛水物件里倒出来，于是他就用各种夸张的手法，试验着种种玩水的方法，或者“直接把水倒出来”，或者“用手撩起水来四处乱溅”，要么就“把水接得满满的，让水自动溢出”；大一点的孩子试验新点子时身体信号略有不同，12岁的理查德在完成他的理科作业，当他想到某道题的解答时，他会“全部精力集中在课本上，眼球左右游移，嘴巴还在不自觉地动，自言自语”。

保持高昂的学习兴趣

如果孩子已经充分地学习并实践了新知识，他的身体会高声呼喊：“搞定了！”从孩子的婴儿时期到青春期，我们对这句话并不陌生。话音刚落，他可能转移视线，不再注意倾听别人说话，掉转身去背对着你，有时会焦躁地坐立不安，有时则发呆似的静坐不语。他可能放低眼睛看着双脚，浑身松懈，眼睛茫然无焦距地盯着什么地方。

当你观察到这些身体信号时，如果你想伸出援手，那你不妨试着帮帮他，把注意力和热情重新放回到他刚刚在做的事情上。当然了，不能给孩子施加太大的压力，也不能一下子给他布置很多新任务，不然他会因压力过重而适得其反。一个比较好的方法是，不妨提供一点“不同”的东西——一个新玩具，一项新技能，一个他原本没想到的新点子。你也可以采取“不同的方式”帮助他换换思路：当孩子原本在独自把玩着一个玩具，你可以走过去，问问他心里在想什么，玩得怎么样。

孩子从三四岁长到学龄前，学东西学到厌烦简直是家常便饭，作为家长，对于给孩子加油打气这件事，我们一定都有各自的心得体会。不少家长认为，对已经进入校门的孩子，以前孩子小的时候用的那些办法就不再适用了。其实教育和帮助孩子的方法是一脉相承的，即便他们已经长大，不需要再学习如何使用刀叉，而要研究复杂深奥的物理问题，当他们产生轻微的厌学情绪时，家长仍然可以采用提供“不同方式”或“不同事物”的方法。因为，上学读书期间，孩子也需要不断找些新鲜的“刺激”，比如改变学习内容或做点其他事情，来保持旺盛的学习兴趣。学习时，他需要时刻换换脑子：或者暂时放下手上的书，拿起另一本来读，或者动动手操作一下，或者实际演练书本上的知识，或者自己为某个问题想出另外标新立异的注解。要么，他就完全彻底地放下书本，远离电脑，全身心地放松一下，稍事休息后，再干劲儿十足地回到课业中去。适当的休息不是中断孩子大脑的工作状态，而是充充电，加加油，让他更加精力充沛地回到未完成的学业中去。

求知旅途上的“八十一难”

好奇心和新鲜感是求知的唯一动力源泉吗？是否存在一种可能性——我们的孩子需要的远不止这些呢？答案是肯定的。在生活中，我们的孩子有时也会或短暂或长久地出现“情感触礁”，这将大大妨碍他们在追求知识和正常生活的道路上的行进。大家不妨听我讲讲小猩猩的例子，如果它们缺乏安全感，它们即刻进入一种叫作“逆探索性”的行为状态，其显著特征就是一次又一次地重复某几个类似的动作或行为。如果我们的孩子也出现同样类型的举动时，你可别惊讶。

讲一个小男孩亚瑟的故事。亚瑟在 5 岁生日派对上，正开心地用一块块积木搭建城堡，过一会儿又推倒城堡重建一个坦克，他慢慢地欣赏每块积木不同的形状，逐渐学会如何更好地使用它。这时候，他那玩得兴奋过了头的姐姐，横冲直撞地奔入房间，把亚瑟精心搭好的积木撞得支离破碎，四处飞溅。只见亚瑟默默地缩到沙发背后，一言不发地拿过两块积木，把一块摞到另一块上，再把它放到地板上，过了好久，亚瑟都在来来回回地重复这个动作。原本沉浸在自己的世界中的亚瑟，那样高高兴兴地搭建城堡，可是忽然之间，他眼睛里兴奋而快乐的光芒消失了，可爱的小脸上只剩下呆滞而紧绷的表情。他那自信而舒展的动作一下子变得拘谨而漫不经心。

过了一会儿，亚瑟重新调整了自己的心情，又开始他探索搭建积木的快乐之旅了。你的孩子也会经历这样情绪高低起伏的变化，不过，一个及时的来自父母的拥抱，可能会帮助孩子更快地从低谷情绪中走出来。但是，有些孩子面临的压力要稍微严重一

探索知识的各个阶段	
孩子从出生那一天起就开始探索周围的世界。下面是各个阶段。	
阶段	**探索的标志**
出生	出生时的自然近视眼使新生儿更多地依靠触觉、味觉和嗅觉来探究世界；当然如果足够近，他还是会用眼睛来观察的。注意观察你孩子通过各种感觉探索世界的标志。
婴儿	到3个月的时候，孩子学会专注于一件事情并使用五种渠道——虽然他的嘴还是他最常用的。到6个月大时，他们基本能学会抓住东西，并用手来摆弄和探究它们。等到了8个月大，他们就会用拇指配合其他手指来握住东西，所以此时手就代替了嘴成为他们探索外界的主要工具。注意观察你孩子用手以及其他所有感觉通道探索世界的标志。
幼儿	先是爬，然后是走，这些新技能使孩子移动位置，从而带来了新的探索契机。一个幼儿可以把东西从这里搬到那里。同时他也学会了一点语言，从而使他可以讨论他感兴趣的事物，而不只是触摸它们。注意观察孩子使用手和各种感觉通道探索世界的标志，同时也要注意他眼睛的运动，那代表了他的大脑也在工作。
儿童	不断加强的运动能力和独立性使他探索世界变得更加容易。阅读和书写标志着精神层次的探索逐渐替代了感官层次的探索。到达青春期后，感官探索的标志非常明显变少也就不足为奇了。

些，比如沉重的学业压力，严苛的家庭管教，过多或过少的社交活动，这都会让他们情绪低落，逃离探索知识的人生之旅。一旦你发现孩子是“逆探索性”而非正常的探索性状态的话，你得采取措施，有所作为。

如果说孩子因一个很明显的理由而停滞不前，那么方法很简单——尽快把这个问题解决掉！宝宝快一个小时不理她心爱的芭比了，那么，赶快把她身边那条吓人的狗牵走。你的家里增添了一位新成员——小宝宝出生了，这使大儿子从3周前就开始不会做长一点的除法题了，那你可要赶快跟他聊聊，尽快驱除他的不安感。如果几个学期以来，你的女儿时时提起学校里有人欺负她的话，当你从老师那里听说她上课精神不集中，学习不抓紧，你该赶紧去学校帮她处理一下。

另外，为孩子提供一个稳定舒适的环境也至关重要，让家庭按照有规律的节奏生活。在家庭生活中，父母拿出充裕的时间与孩子共处，当孩子犯点小错误时，以轻松和包容的态度接受他的道歉和解释，而不是焦虑烦躁地反复盘问他，这样一来，很多孩子的问题能更好地得到解决。当孩子取得成绩时，不管成绩大小，都要给予他微笑和拥抱的鼓励，即便是没有成功，孩子为此付出的努力和汗水也同样值得肯定。要知道，在孩子探索世界的过程中，要经历“九九八十一难”式的困难和阻碍，但是有了我们的及时发现和从旁协助，化解和克服困难绝非难事。

模仿的魅力

如果最基本的学习方式是探索的话，那么第二个重要的学习方式就是竞争与模仿。你在孩子面前做任何事情——在厨房大展身手地煮美食，或忽然触动心事潸然泪下，不管是某种行为举动还是心理活动，一旦吸引了孩子的注意，他的大脑首先会识别鉴定你的行为活动，然后就牢牢存储在他小脑袋的内存中啦！从那一刻起，理

积极还是消极？

当一个孩子对学习不感兴趣时，大人们总是觉得他很消极。其实这种情况大部分时候是说明他没有发现任何令他感兴趣并值得探索的因素。一般的解决方法是改变所学习的内容，或者改变学习时使用的方法。不过有的时候，如果你的孩子愿意，把“消极”的身体语言信号改变为“积极”的身体语言信号同样会改变他的感觉。下面列出的这些标志可以帮助他完成这个转变。

	消极	积极
例子	温迪，9 岁，正在听爸爸讲解一些无聊的知识	汉娜，8 岁，正在听爸爸讲一个有趣的故事
身体的方向	向后靠，把椅背靠向后面来进行“逃避”	身体前倾以听得更清楚
身体的姿态	伸长腿来和爸爸保持距离	双腿收起来以保持一个聆听的状态
头和脖子的状态	垂下的	抬起并倾向于爸爸的方向
四肢的姿态	歪着头，手托着腮，手臂折起来，腿交叉着	手臂是张开的，双腿不会交叉，脸朝向前方
眼睛	呆滞无神的，看着地板或者周围，或者干脆闭上眼睛把自己封闭起来	睁大眼睛，聚精会神，认真地观察
动作	手和脚会有微小的逃跑的动作；会有很小的摇头的动作以表示不同意	如果不感兴趣就没有动作；在其他情况下，在别人说话时会有愉悦的、有节奏的运动；当被问问题时身体前倾；微笑地点头以表示同意
声音	音调很低，或者被激怒时突然变得很高；说话缓慢而拖沓	音调较高；有一点喘不过气的感觉；说话很快；强调重点词
人体机能	因为在压力下所以心跳变快	心跳变快；呼吸节奏为运动做好准备；皮肤颜色很好
内部感受	感觉厌倦；肌肉充满想离开却又不能离开的紧张感	见到想象中的场景；开心得肚子开始抖动

论上说，孩子已经可以精确地再现你所作的行为了。实际上，可爱的孩子就像是一台小型模拟机器人。

小机器人本能地把吸引他注意力的对象（主要是人）记录下来，加以模仿。新生婴儿看到大人的面孔时，会产生强烈回应，或哭或笑，而看到其他事物则不会给予同样的强烈回应。7 个月大的婴儿已经可以认人了，他来自大脑的神经反应慢慢聚集在固定的几个人身上，从这几个人身上模仿行为举止，而其他的人则逐渐被排除在视野范围内。宝宝的父母，毫无疑问是他关注和模仿的对象，但是随着宝宝渐渐长大，他们效仿的对象就不再局限于父母身上，谁看起来有趣，孩子便模仿谁。我曾经在一辆车里跟一个三四岁的宝宝共处了一个小时，一路上，据我观察，他始终目不转睛地盯着我。尽管有些紧张，但我更感到受宠若惊。

我不知道这可爱的小家伙在我身上发现了什么有趣的东西，正像我们成年人无法得知这些善于模仿的小“机器人”，到底在模仿我们什么一样。除此之外，孩子们吸收模仿的不仅仅是模仿对象的说话行事，神奇的是，就连心跳、呼吸频率、甚至肾上腺素的产生节奏都可以拿来学一学。然后，如果适合自身情况的话，模拟“机器人”们就马上精确地照搬学来的东西，用来控制自己的生理指标。据另一项调查结果显示，在短暂的 1/48 秒内，孩子就可以完成跟大人学点什么的过程。总体上来说，孩子的模仿行为越是来自人类的潜意识和本能，她的模仿和复制就越精准；而有意识地学习和模仿，却适得其反。所以，2 岁的凯莉发现爸爸突然发怒了，她立刻观察到爸爸急促的呼吸和上升的血压，她马上把这些学了起来。但是，爸爸给她画一幅海上航船的画时，凯莉恐怕不会马上饶有兴味地跟着画上一幅，除非她已经经过良好的绘画训练，不过，凯莉会兴高采烈地跟爸爸一起举着一支铅笔，玩得很开心。

尽管模仿吧，宝贝

你的宝贝如此热衷于模仿他人的行为，最初的动力当然是模仿带给她新奇而有趣之感。但是，伴随她的成长，来自她生命中重要成员所给予的奖励和肯定，成为她不断地模仿和学习的持续动力。因此，当你教宝宝说“爸爸”、“妈妈”这两个美妙的词汇时，宝宝望着你的眼睛吐出第一声“妈妈”，这时你注视着她的眼睛中闪现的幸福光芒，让宝宝体会到沐浴在爱的目光下的快乐，她会一次又一次地重复那两个美妙的词——“爸爸”、“妈妈”。永远，永远。

除去你幸福的目光和爱的鼓励，只有一样东西能让宝宝快乐地模仿，那就是你反过来模仿她的行为。当宝宝唤你“妈妈”时，别光兴奋地尖叫了，你也要对她重复“妈妈”这个词，这样幸福和快乐的循环就完成了。像是一个有趣的游戏，她会一遍一遍地跟着你重复那个美好的词，直到她完全掌握了它，到那时，你就可以教她学下一组词了，比如“爸爸”、“宝宝”等等。

如果你有较为强烈的愿望让孩子学着做什么事的话，我建议采取三步身体语言与他交流：第一，某位对孩子而言至关重要的人正在做着同样的事，你要确保他看到；第二，当他开始尝试做这件事时，要积极地给予回应，别忘了表扬表扬他；第三，特别是教小孩子一些简单技能时，你要跟他一起做，这是你必须增加的一份额外鼓励。

要多说一点注意事项：如果是面对大一点的孩子，与他做相同的事听起来似乎有些小儿科，你显得在“纡尊降贵”地讨好他，其实不然，孩子在任何年龄阶段，都会为家长愿意了解他们的喜好，愿意向他们求教而兴奋不已。像怎么用电视遥控器，怎么说某种语言，在类似的事情上，孩子都会愿意听到我们“纡尊降贵”的讨教。在任何一件事上被请教，都会让孩子获得自我认同，好像他一下子长大成人了，更重要的是，在他向你展示和讲解时，他已确信自己是这方面的权威了。所以，让孩子学一样东西的最好办法，就是反过来向他求教。

最后一点提示：在学东西的过程中，即使尚未掌握学习对象，孩子的模仿和学习的活动也在持续进行。问题在于，他要学的东西可能是一种消极悲观的情绪，而不是一种积极有益的技巧。如果你——或者他的老师或朋友——越来越强烈地要求教他玩投球游戏，在他学会玩掷球接球之前，可能就早已感觉到体育运动的紧张、焦虑和担忧了。到了那会儿，你不免感觉奇怪，为什么一个本该活泼好动的青春期孩子，会找各种各样的借口，拒绝参加学校的体育活动呢？如果你依旧兴致盎然地教孩子投球，即便他无论如何都玩不好这个游戏，那么孩子只怕会从这个过程中，学到其他东西——比如“当学不会一样东西时，只要平和接受，看得开，自己原谅自己就好”的阿Q精神。

正式的学习

并非所有的学习都是来自本能和天性的渴望，通过探索和模仿完成的。孩子长到5岁时，学习成为一种正式的行为。从父母，从比他大的孩子，从幼儿园老师，当然还有从电视和网络上，从益智类玩具上，孩子开始从无数渠道那里，掌握了如何获取信息和接受

模仿身体功能

孩子可以模仿非常复杂的身体功能。下面列出的功能是即使你蹒跚学步的孩子也会潜意识从你处理紧急情况时学习到的身体功能。例如：当你走在街上时一条狗向你走近。

	孩子看到什么	孩子学到什么
距离	你会站在什么地方；近或远；走近或离开	你距离狗有多近；直立还是弯腰；大胆向狗走过去还是害怕地退回来
体态	脊柱的角度；头的角度；肌肉的紧张程度；手和脚放在什么地方	你的脊柱的角度大小；看狗的时候你头的角度；当你评估狗的意图时上述的因素如何变化
动作	在什么地方用了什么动作：形状、速度、方向、步伐、节奏	你用多快的速度以及何种方式伸出手；当狗叫的时候你是否后退
表情	前额的皱纹；嘴的形状；皱起的鼻子；脸的形状	当你接近狗的时候是自信地微笑还是看起来很紧张
眼神	注视的方向和时间长短；瞳孔大小；眼皮和眉毛的动作；眨眼的频率	你是否直视那条狗；你的瞳孔放大或收缩标志着你的自信程度；你是否紧张地眨眼，以及眨眼的程度如何随着狗越来越近而改变
话音	音量、语速、节奏、音高，强调某一个词	你的话语是否低而放松；或是高、快而且紧张；以及随着狗越来越近而如何改变
触摸	你触摸哪里；轻轻碰一下还是坚定地摸上去；触摸的速度；用什么样的节奏	你是否拍过狗，轻轻拍一下还是抚摸，狗对于你的碰触是什么反应；如果狗突然动了你会怎么样
人体机能	呼吸频率、心跳速度、血压、皮肤色调的变化	你的呼吸是急促了还是变缓了；当狗舔你的手时你的皮肤色调会怎么样变化

他人指导。这时，你可以通过身体语言，观察孩子是否从学习的过程中得到了他需要的东西。

当你想检查确认不管是在家里，你的眼皮底下他的学习状况，还是他转述给你的他在校学习情况，孩子是否适应了正式学习的生活，那么他是否在使用热情积极的身体语言，是一个重要的线索和标志。他是否愉悦而专注地在摆弄手头上做的事？他是否对学校的课程感到满意？

让我们格外牵挂的是孩子是否在学习中遇到了困难？许多孩子，包括那些优等生们，当他们嘴里说学的东西都明白了、学会了的时候，他们的身体语言则往往透露出相反的事实。这里讲一个10岁小姑娘罗西的故事，有一次她尝试弄懂一张地图上标志的含义。她原本很自信地宣布，她完全可以读懂地图，但是当她对所看到的第一个标志感到困惑时，她“快速地摇摆着眼球”，表示她正从所有的思维渠道中搜寻答案——视觉、记忆、想象和自言自语，颇有点绝望和无措。

同时，她也会紧皱眉头，“屏住呼吸”，而引起不安的不规则呼吸，通常意味着孩子正在面临困境。在罗西的父亲为她揭示了地图的奥秘，教给她如何读那些抽象的标志之后，稍过片刻，她便能自己解开地图之谜，她“点着头……长舒一口气”，充分享受读图的乐趣了。因此，当孩子给你复述这一天的经历，或当你检查他的课后作业时，记得留心察看孩子的身体语言，点头，微笑，长长地松一口气，这些举动都在告诉你：“放心吧，妈妈，我已经做到了，继续吧！”

想理解孩子的行为？克隆他的身体语言吧

这听起来也许很奇怪，但如果你想获得哪怕一点孩子正在干什么或想什么的第一手资料，你可以尝试尽你所能地克隆他的身体语言——无论从记忆中还是在他旁边。下面列举了一些例子。

例子	如何克隆？
新生儿，正在睡觉	安静地躺在你的宝贝旁边，确保你用的是同样的姿势。想象你的世界中充满了抚摸、气味和味道。和你的宝贝保持同步呼吸，当他呼吸两三次时你呼吸一次。你体会到了什么？
蹒跚学步的幼儿，非常烦躁	站着或者坐着，像你的孩子那样。用和他一样的姿势用手抱着你的头，用同样的方式摆弄你的头发。让你的声音变得既悲伤又烦躁。你感受到你孩子的感受了吗？
3 岁的孩子，正在画画	找一块同样的画板，像你的孩子那样无规律地在上面乱画，故意地让你的动作变得不协调。这些 3 岁孩子画画的行为告诉你什么？
4 岁的孩子，在花园里探索	坐下或者躺下，让你的头保持在和他一样的高度来观察植物。复制他睁大眼睛看的动作，仔细聆听他会听到的声音，用他的方式去感受周围的植物。你能想象到你的孩子在想什么吗？
5 岁的孩子，学习写字	坐在和你孩子同样的位置。复制他手的动作，紧张的脸部表情，以及任何紧张的小动作。让这些动作使你感受到写字是一件很难的事。你现在领悟到孩子需要什么了吗？

让孩子的教育模式多元化起来

现在，我们要追问一个新的问题：我们的孩子所接受的教育方法，到底适不适合他？理想的教育模式，是尽可能地使用各种感官和思维渠道，把每一个与学习相关的板块，以大量形式各异的非语言格式拼接、呈现出来（详见下表）。表格中列举了各种常见的教学方法，以及列有一些证据表明孩子从中有所受益；与孩子告诉你的情况和你自己的观察相互核对，确认一下孩子的学习效果到底如何。

你还得特别确认，孩子的老师（如果你自己在家里也教他东西的话，那么也包括你）没有仅使用某一种非语言教学方式，而是利用全部系统的教学方法。一个我认识的 4 岁孩子上了一个格外重视音乐教育的幼儿园，那里的老师们每天教孩子唱歌和跳舞，但是完全忽视了孩子的色彩和视觉教育，幼儿园的墙上连一幅画都没有挂。一个 13 岁的学生，她的历史老师每天的上课过程如下：走进教室，对大家说一句“早上好”，然后转身在黑板上写下大量的内容和要点，要求学生抄录下来，最后对大家说一句“再见”，离开教室。（这个故事里的学生就是我，我相信，现在很多教室里坐着的学生们正经历着与我相似的课堂。）

如果孩子接受的教育只包括一两种学习模式，那么你该通过各种方法向老师提出质疑，要求增加教学模式。十有八九，你会得到一个肯定的答复。

你的孩子真的在学习吗？

无论课程形式是什么样的，下面这些标志表示孩子能够理解大部分的内容。可以使用它们来检查课程的进程。

	视觉的、以图形为媒介的课程	语言或者音乐为媒介的课程	动手的、以感觉为基础的课程	语言文字课程
例子	几何课，如何画一个三角形	戏剧课，学习一段歌曲	陶器课	阅读理解
主要感知渠道	他看到了什么	他听到了什么歌词和歌曲	他直接感觉到的	这些词汇在孩子头脑中的声音
孩子主要的注意力集中于	三角形的图像（加上老师讲课的声音）	歌词和声音（加上老师的表情）	泥土的触感（加上陶器的图像）	这些词汇在头脑中的声音（加上在纸上的样子）
储存知识的形式是	具体的精神图像和词汇	精神词语，以及精神词语产生的图像；老师的精神图像	精神上的触觉记忆	记录着词汇的精神磁带；词汇在纸上的图形画面；由词汇意思联想到的画面
学习得很好的标志	抬着头；眼睛睁大并聚精会神地看；在看到有意义的图形时微微点头	头歪向一侧；轻微的有节奏的头部运动	身体轻轻前倾；用手探索和尝试	头歪向一侧；嘴唇和喉咙细微地运动

（接上表）

回答问题时会	回答问题时伴随有模仿三角形的手部动作	引用说过的词句；有节奏地说话；打拍子的动作	一边比画一边说	经常有些犹豫，好像听到了内心发出的声音
回想或修改作业时会	向上看；眼神发散；抬眉毛；画出具体的思维图形	看侧面，左或者右；说、听或者哼音乐，或者写下使用过的词	向下看；想要演示描述中的动作	向下看；在喉咙中对自己念这些词汇，安静地并且伴随着一些小动作
确定学习或者复习含有	图画，最好有颜色	需要学习的口头语言或者歌曲	需要动手实践的技巧	听说读写的词汇知识

使用手势学东西

也许当你看到孩子的手臂晃来晃去时你会很抓狂；但是当孩子思考时他的手和手臂运动越多，他们学习和记忆得越好。（即使对于一些极为抽象的学校课程，例如数学，这也是有效的。）

放心地使用手势来向你的孩子解释一些问题——克制你想尽量低调的成人习惯，让你的手势更夸张些。当你的孩子谈论他学到的东西时，鼓励他使用手势；而且在他说话时永远不要阻止他使用手势——你会硬生生地打断他的思路。

下面是一些帮助孩子学习的手势：

- “组合”手势帮助形容东西组合在一起，例如字组成词，求和计算以及括号中的算式。
- “分开”手势帮助形容东西被分开，例如不同的句子，方程式的不同部分，“优点和缺点”之类的并列式句式。
- “指点”手势帮助形容需要被填补的空白，例如结束工作的方法或者数学题的解。
- “拉清单”手势帮助说明需要被遵循的多个元素，例如一个清单、表格或处方。
- “比画形状”帮助理解几何学；用手“旋转”一个想象中的物体可以帮助孩子更好地理解如何测量它。

如果孩子在跟你学习的过程中，也只是接受一到两种的教育模式的话，一定是因为你对某种模式有特殊的偏好，这样的话，你需要开阔自己的视野，增加教育的方法。上面列出的丰富多样的教学模式，你可以读一读，并回想一下，在孩子的学习中，到底存在哪些空白和不足，特别是关注那些因你不喜欢而回避使用的教育模式。假如孩子缺少的是视觉教育，那么多带着孩子练习绘画，或者上网查找相关图片和视频剪辑。如果缺的是听觉教育，那么多陪她一起听听音乐，经常谈谈心，讨论讨论她最近所学的知识。让她把课本找来，你要陪着她一起朗读课文。还有，和孩子一起动手做一个拼接图或者建一个模型。总之，尽可能多地使用教育模式，越是如此，孩子学到的东西越多。

上好学校的每一课

随着孩子们年龄的增长，他们的学习所用的身体语言也不一样。两岁的乔西的学习过程，就是一边绕着房间撒欢地跑着，一边不断发掘好玩的东西给爸爸看。而乔西 13 岁的姐姐莎莉的学习生活则显得枯燥和孤独，不仅需要安静不动地坐在教室里上课，还需要与另外的三十多名学生一起争夺老师的注意力。

小乔西的身体语言可没有什么禁忌和约束，她可以随意展示她的兴趣或困惑，随时表明她是否弄懂了。莎莉却需要严格刻板地遵守规则，使用正式的和被规范的身体语言；她不可能随随便便冲到老师面前提个问题，举手示意是必须遵守的规矩。孩子在小乔西这个年龄阶段，学习事物总是相伴着与大人的交流和互动，而到了莎莉这个年龄，那就变成了一种奢望。

其实，程式化和正式化的学习原本是必要的，但是对孩子而言，一段适应时间也极其重要。三四岁的孩子最好的学习方式就是随意活动自己的身体，而这种方式一进入校园就变得不再可能，孩子的身体被牢牢地捆绑在教室的椅子上。原本拥有家长百分百注意力的孩子在进入学校后，可能因不适应与别人竞争老师的注意而放弃了学习。拥有强势引人注目的身体语言的孩子，往往给人留下不好的印象，而身体语言显得低调而无须关注的孩子，则易遭他人遗忘。

创造“创新力”

婴儿与生俱来的探索世界的能力不是任何别的能力，是创新力；然而，随着年龄的增长，他们不断学习到的知识成为他们精神上的限制，他们的身体语言变得越来越受控制，这些最终阻挡了他们内在的创新力。想要更多地发现你孩子的创新力，注意观察下面的标志：

- 具有创新力　放松的、很开放的动作；漂亮的皮肤颜色；一个微小的声音都会在他的大脑中引起一系列的反应；眼睛移动到他的右侧，这标志着他头脑中呈现了想象中的图像和声音。
- 创新力被阻挡　比较僵硬的姿态；较小的、犹豫的动作；不开心的内心对话；眼睛向下看。
- 提高创新力　使用积极向上的表情、目光、语调和触摸方式来支持你的孩子。教给他激发创新力的身体语言：通过深呼吸来放松，做开放舒展的动作；鼓励他和自己积极地对话，向右看以“发现”新的想法和点子。

一些研究总结出在校学生如何从正式的校园学习中获得最大受益，并提出了一些策略避免孩子的种种不适。首要一点是：孩子一定要向老师表达，你很喜欢他！是的，毋庸置疑，老师也需要被肯定和爱戴。我不是建议你在教师节给老师送送贺卡和巧克力什么的，当然，送些小礼物也无伤大雅。我想说的是，孩子应该不断通过身体语言，表达一个意思——老师所教的我都能听懂。当老师上课时，他会解释一大堆内容和概念，举例说明问题，引导孩子深入思考，如果孩子听懂了，他应该及时地用经典的“赞成式”身体语言，表达自己的专注和用心：身体前倾，眼睛紧紧盯着老师，微微点头。过于夸张的身体语言就不适宜了，正常而自然的身体活动是最佳选择。如此一来，老师会更放松自如，看着你的孩子认真而投入，老师也会更主动积极地与他互动，乐于关注他，称赞他的进步，对遇到困难的他施以援手。一种良性循环由此开始。孩子得到鼓舞会表现得更出色，因此又会受到更多赞誉。在彼此身体语言的简单循环中，在孩子和老师组成的小世界中，他们互相赞赏，彼此喜爱。

从错误中学习

相比于漫无目的的批评，儿童会从建设性的意见中学到更多东西。当他们被指出错误时，他们会觉得很迷惑，因为即使他们同意他们错了，但是他们因为缺少经验而根本不知道怎么做是对的！

不过，等孩子到了 8 岁至 12 岁之间，突然而神秘地，事情变得不一样了。从这时起，如果他们被指出他们搞砸了，他们会自己尝试另一种做事方式，以此来自己寻找前进的方向。

所以，如果你的孩子超过了 8 岁，那么当他犯错误时最好让他自己寻找正确的方法，并跟踪看看他是否能够做对。如果他还没超过 8 岁，那么给他指导“那么做不好，这样做更好”，或者“不要那么做，应该这么做”。

老师，请问……

刚才我们说到的“师生互动型”身体语言，在你的孩子需要特殊帮助时，格外显得有价值。现在，让我来讲讲我的一个问卷调查人的两个儿子戴恩和乔尔的故事。戴恩遇到弄不懂或不确定的问题时，他的反应很直接——大脑短路断电。他“焦躁不安……走来走去……眼睛游移不定”，弄不明白这件事，不是给他带来困惑，而是让他恼怒不已。他宁可求助于朋友，也不愿向老师提问。得到回答时，他没有恍然大悟后的欣喜快乐，反而看上去格外郁闷。这会导致一个严重的后果，戴恩的老师会因为他种种消极的身体语言，把他归为难搞的坏学生。老师固然也会帮助他，为他讲解，但是常常伴随着失望的叹息和指责的眼光，甚至会批评他没有认真听课。其实，可怜的戴恩哪里是没有努力，他只是孩子气地羞于承认自己掉队而已，但是他的身体语言很糟糕地把这种心情给错译了，让老师产生了误会。

好老师？坏老师？

其实孩子们非常清楚什么样的教学方法是有效而易于接受的，它让学习变为一种享受。使用下表中的内容对比你孩子的老师的行为。这些内容总结基于对学生的调查结果。（然后再检查一下你自己教孩子的方式！）

好老师		
令人喜欢的地方	自信并且自控	激发兴趣
▸▸ 微笑；注视孩子的眼睛	▸▸ 站直并放松	▸▸ 多变的面部表情
▸▸ 站得很近；弯腰以弥补身高的区别	▸▸ 笑出声来；鼓励真正的，非模仿的笑	▸▸ 经常使用手势来帮助解释说明
▸▸ 点头来赞赏学生说的和做的	▸▸ 使用身体语言指出不正确的行为——并且立即进行回应	▸▸ 当进行说明时身体兴奋地前倾

坏老师		
令人讨厌的地方	不自信且易失控	令人厌倦
▸▸ 站在讲台后	▸▸ 眨眼和脸部动作都很紧张	▸▸ 使用单调的话音
▸▸ 身体姿态是封闭的	▸▸ 说话声很紧张，经常破音或者结巴	▸▸ 在教室中很少移动
▸▸ 经常皱眉、喊叫	▸▸ 不会注意到并且管理不正确的行为	▸▸ 身体的动作很少，看起来令人厌倦或生气

再来说说乔尔的故事。乔尔拥有讨人喜欢的身体语言风格。困惑时，他只会“放下手中的事安静地坐在那儿，直到老师发现他的反常……他会微微皱眉来提醒老师他所处的困境……歪着头摆出举世通用的‘发问姿态’……镇定地向老师提出自己的疑问”。这样一来，结果就很明显了，乔尔的老师肯定把他看作一个热爱学习的好学生，而不是哥哥那样爱捣乱的调皮鬼。最终，老师会热情地帮助乔尔解决问题。

拼写策略

善于拼写的孩子大部分是使用视觉记忆的。在他们的精神世界中他们“看”到一个单词，在左上方（或者右上方，对于左撇子而言），经常是在黑色背景中刻着明亮的字母。鼓励你的孩子使用这个策略。

- 让他刻意地向左上方看，想象那里有一张大的、明亮的海报。问问他那张海报看起来什么样子，有多大，有多亮。
- 让他想象在那张海报上有一个简单的他已经知道的单词，例如“cat”（猫）。让他拼写这个单词，先是顺序，然后倒序，确保他可以看到那个单词。
- 和他一起做 20 次这样的练习，单词由易到难，保证每次都先是顺序拼写，然后倒序拼写。
- 如果他觉得某个单词有困难，让他把那个单词想象得更清楚，更大，更明亮。
- 经常重复这个练习直到你的孩子每次看到新单词时可以不由自主地使用这种方法。

我自己曾做过老师，所以我无法随意批评同行们忽视那些成绩不佳的学生。事实上，比起班里的优等生，好老师会有意给予那些力争上游的学生加倍鼓励，给他们更多的帮助和关注。但是，研究结果显示，在潜意识里，老师们积极鼓励的身体语言，会主要指向那些同样表露出相似信号的学生。因此，乔尔与戴恩相比，会从老师那里赢得充裕的时间，更多的眼神交流和鼓励的微笑。这无疑会直接影响他们未来的学习，乔尔会更加热爱学校，在老师的鼓励下，勇敢地提出更多的问题。两个孩子的结果一目了然。

很多孩子有意识地模仿乔尔的做法，从而赢得老师的欢心。但是，别灰心，小戴恩们也可以学得很棒。他们得认真自我思考，认识到是自己的身体语言带来了种种困难，然后相信换一种身体语言风格，就可以改变与老师之间的紧张关系。不过，他们还得忍耐一段困难期——朋友们看到他的改变，会嘲讽他是巴结老师的马屁精，小戴恩们必须无视这些幼稚的嘲弄，坚持自己的决定。守得云开见月明，一旦孩子所操持的积极的身体语言获得了周围人的认可，那么他与大家的关系也会得到良好的改善。当然，最大的改善就是孩子的成绩。

完成作业与人体工程学

如果需要忍受一个不舒服的环境，我们的身体会很难受，从而影响我们的思维。遵循下面的建议以给你的孩子制造一个适宜的学习环境。

- 房间　观察孩子学习的房间。有没有太狭窄而使人感觉压抑或是太空旷使人感觉不安全?

- 移动的空间　一直静止不动地坐着会让人进入消极的懒散状态。站起来走一走会重新让人精神焕发。
- 体态　孩子坐在桌前的姿态能够允许他使用所有的感觉通道吗?电脑显示器和键盘鼠标的高度合适吗?
- 声音　房间足够安静吗?或者足够吵闹吗?有些孩子确实需要音乐的帮助来集中精力,音乐会使令他不自信的内心独白停止。
- 触觉　桌面和椅子合适吗?是不是在合适的高度?椅子是不是足够舒服,而又不是舒服到让人容易入睡?

当孩子感染了种种情绪，他的人生无疑又增添了几抹亮丽的色彩。

梳理孩子纷乱的情绪

我们是距离孩子最近的人，所以我们很清楚当孩子感到什么不对劲儿时，他们的反应有多么强烈！饥饿、寒冷、疼痛——所有的不对劲儿感觉一出现，孩子会立刻向你求救。如果你刚好忙于其他事情没有及时回应的话，他就会持续而响亮地拉响“警报”，直到你赶来“救火”。

别生气，要知道在孩子冲着你发出刺耳警报之前，那尖锐洪亮的警铃早已盘桓在孩子身体深处了。看看 3 个月大的宝宝朱利安吧，如果妈妈没有及时地给他喂奶，小朱利安身体里会经历种种不舒适感：首先是胃里的空虚和疼痛，接下来是四肢虚软，心跳过快，然后是肾上腺素剧增。这些滋味可不好受，也难怪他开始不安地扭动小身体，吮着嘴巴，哇哇地大哭起来……哭啊哭，直到把妈妈哭过来给他哺乳。

当然了，像这样的生理问题肯定会引起孩子们强烈的反应，奇怪的是，对于还没发生的事，还有跟自己身体无关的事，也会引起孩子们类似的反应。人类拥有着神奇的大脑和思维能力，*仅仅是关于某事的想法，就足以激起电脉冲传递到大脑，我们的身体随之形成应激反应。*不需要真实地遭到攻击，我们身体的肾上腺素也会急剧升高：回忆某次挨打的经历，想象一个打斗的情景，甚至频现血性暴力场面的电影都足以引发肾上腺素飙升。

强烈的反应

当孩子对于某些事情的感觉很强烈时，他的整个身体都会出现非常明显的反应。他的所有器官和生理系统都会为他身体出现的反应提供能量——无论是不舒服，或者是激动，或是其他任何类型的反应。

1. 大脑会识别这个问题；
2. 脊椎神经会把这个信息传达到全身；
3. 肾上腺素会随着血液到达全身；
4. 呼吸频率、心跳速度以及血压会升高，为身体提供能量；
5. 消化系统减速以节约能量；
6. 肝脏会向血液提供大量糖分以消除疲倦感；
7. 瞳孔扩大，周边视觉能力减弱，以帮助孩子集中注意力。

这些生理反应，伴随着大脑的思绪，就是我们所说的“情感”。所以，当孩子想起某件对他影响很大的事件，例如，他第一次养小狗，或者产生某种刺激强烈的想象——他心爱的小狗被送走了，而这些统统会造成孩子神经系统的巨大震动，情感的警钟会不断提示他，他大脑里产生的所有想法都有可能真实发生。

四岁的安德鲁摔伤了膝盖，腿上难受了一会儿，这还好说，当爸爸告诉他“我们下礼拜去不成奶奶家了”，安德鲁的心被扎了一下，他的脑海中浮现出一连串的图景：奶奶家舒适温馨的起居室，奶奶温暖和煦的声音，奶奶煮的让人咽口水的美食，还有奶奶家的小猫咪慵懒地蜷伏在自己的身边……猛然间，安德鲁意识到他将有一阵子无法真实地体会到所有的快乐。不出所料，安德鲁心里发起慌来。他情不自禁地感到失落，他生起气来。这都是安德鲁的直觉感受，但是他内心深处的思绪和感受十分真实，就像他发起脾气在地板上满地打滚一样。孩子必须充分了解自己的各种情绪。在《读懂孩子的水晶心》一章里，我已经提到，发自孩子身体内部的信号，对于父母和他们自身来说，十分重要，值得密切关注。这些信号也会在必要时阻止孩子的情感宣泄，直到合适的时机到来时，才允许他们感受和表达自己的情绪。

外部世界，从不支持孩子直白的情感表达：总体上看，家长不鼓励孩子清晰认识和十分在意内心情绪。我要说，如果读了这本书，你只有一点收获，那么请鼓励孩子，尽量表达自己的情绪吧！

别让情绪藏起来

孩子的情绪源自身体内部，然后表露在我们可以看到的外部身体上。泪水，皱眉，大口喘气，瞠目结舌，卷起舌头做呕吐状，这些明显的身体信号，像白天的阳光一般清晰明确，是人体用来向外界求救的信号。

*人的有些情绪是生来就有的，从出生起，我们就可以无师自通地生发情绪，它们与人的基本生存息息相关。*痛感、恶心和满足感，这些熟悉的情绪和感觉你可以轻易从一个婴儿身上发现，而如果不具备这些情绪的宝宝,可能会遭到自然选择的淘汰。出生六周后，甜美的微笑开始绽放在宝宝的脸上，试想，不会笑的宝宝，也就不那么容易吸引别人的注意，得不到别人更好的照顾，也就无法舒适地生存。而对陌生人的畏惧感，宝宝要长到 3 个月才能体会并

表露，宝宝们必须通过表示害怕引起父母的注意和关注，从而获得保护。还有一些人的重要的情绪，比如悲伤、惊讶、愤怒和快乐，包括更复杂一些的，像是愧疚、嫉妒、后悔和怨恨，随着时间推移，孩子慢慢成长，这些会慢慢地进入他们的大脑，表露在他们的身体语言中。

生活在世界各地的孩子拥有完全一致的情绪表露方式。伟大的生物学家达尔文已经证明了这一结论，他曾制作过一个表格，绘出了16种表露情绪的身体语言，请游历全球的教会传教士把它分发给世界各地的信徒，在他们返回到英国时告诉自己，有多少人可以理解表格上的身体语言表达。结果，天涯海角的人们都能够理解得八九不离十，因此，达尔文的假设得到了验证——世界上绝大部分的人们使用相同的身体语言来表达相同的情绪。如果你的孩子拒绝做什么事，他会牢牢地绷紧嘴巴——从刚出生几分钟到现在，无论他生在美国还是喀麦隆，这个表示拒绝的动作都是不变的。

但是，还有一些身体信号不是生来就有的。孩子周围的许多事物，都是他学习和模仿的对象，学习怎样体会以及怎样表达：父母的行为，与朋友的交流，电视上看到的，还有他的小圈子，他所生活的社会文化背景，以及他的宗教信仰，林林总总，一切都是他学习情绪表达的源泉。孩子学会了哭泣的最佳方式（男儿有泪不轻弹；淑女们可以哭，但哭的时候“别耸鼻子，要拿手帕轻轻地拭掉眼泪”）。孩子懂得了宣泄怒气的最好方式（女孩子要用平和低缓的声音，配上忧伤心碎的表情；男孩嘛，发火时不妨更有攻击性一点，但是来得快去得也快才显得大度）。孩子知道了如何展示自己的骄傲（如果他是个英国人，轻描淡写是最好的选择）。

观察人们的各种情绪

美国心理学家保罗·艾克曼在他的报告中定义了6种基本情绪，而这些情绪的表情特征在一些国家中是基本一致的。下面的表中列出了这些特征标志。

害怕	厌恶	悲伤	惊讶	愤怒	开心
8个月大的婴儿就会产生本能的恐惧感，这源于对陌生人的焦虑。然后这会发展为面对威胁时的真正的恐惧。	对于安全但是不可接受的东西，婴儿在一出生时就会有排斥反应，然后在幼儿时期进一步得到发展。	这种通过其关键符号——眼泪——表达出来的基本情绪是孩子大部分时候释放情绪的方式，即使他们一点也不悲伤。	对于令人惊讶的事情的情绪反应。有时会伴随着恐惧，但是一旦孩子觉得安全了，就会放松心情。	愤怒的情绪特征与生俱来，尽管对于愤怒的表达方式会逐渐受到成人训练的控制。	为儿童做好活动准备的身体反应。如果情绪变得满足，这些特征会减弱。
眼睛和眉毛			**眼睛和眉毛**		
眼睛张开，下眼睑抬高；直勾勾地盯着或者向旁边瞥，从部落时代继承下来的观察入侵者的眼神。眉毛扬起并且向中间聚集，做出防御的表情。	下眼睑向上推，来抵挡厌恶的场景。眉毛下垂，同样是为了抵挡厌恶的场景。	上眼睑垂下来；眼泪在眼睛里或隐或现；凹陷的眼睛；红色的或者浮肿的眼睛。眉毛抬起，这样可以让眼泪更容易流下来。	眼睛突然张得很大来观察究竟发生了什么；瞳孔也会扩大以摄入更多光线。眉毛抬起来以帮助看得更清楚。	用具有穿透力的眼神盯着生气的对象。眉毛放低并且聚在一起。在猴子的身体语言中，这代表即将发起攻击。	眼睛张大，好看清开心的事；或者在眼睛周围都是真正的笑容带来的皱纹；还会流下开心的眼泪。如果开心地笑，眉毛下垂；如果是哭，眉毛抬高。
嘴和话音			**嘴和话音**		
嘴张开，如果在撤退时嘴唇向后收。小一点的孩子会尖叫；大一点的会喘气。	嘴抿在一起，下嘴唇向下拉。如果孩子开始呕吐时会发出生硬的“啊啊”声。	嘴向下，两片嘴唇闭在一起。如果下嘴唇有些颤抖，这是开始悲伤痛苦的前兆。	下巴掉下来，嘴巴张得很大。叫出一声大喊或喘息，然后是放松后的喘气或轻笑。	嘴唇向前，好像要向敌人前进；或者张开以发出喊声、咆哮或者嘘声。	微笑或者大笑；嘴唇不断开合；声音会比平时高；话音会颤抖。

（接上表）

体态			体态		
向内蜷缩以保护自己；猴子用这种姿势传达一种对强大敌人畏惧的信号。小一点的孩子会跑向你；大一点会向你靠过来。	身体向后；小一点的孩子会猛地向后跳开；大一点的孩子会表现出一种反射式的后部向后、向下的痉挛。	肩膀向下沉，脊柱也向下，身体向中心蜷缩。动作幅度变得小、沉重而缓慢。	先是一个害怕的后退动作；然后是轻微的前倾动作以看看到底发生了什么。大一点的孩子也会仅仅有一点头部和肩部的抬升。	身体处于攻击前的预备状态；或者因愤怒变得不能动弹。肩膀收在一起，背部僵硬。你的孩子可能会对目标进行暴力侵犯。	幼儿会冲向并抱住别人以分享喜悦；再大一点的孩子会原地蹦起来；一个刚刚进入青春期的孩子会摇晃他的头和脖子。
呼吸			**呼吸**		
变得更快。	变得更快。	变得较慢；如果开始哭泣会变快。	变得很快。	快而深。	开始时快而浅，然后变得深，安静并恢复到平常心态。
肤色			**肤色**		
苍白，血液都流向重要器官以保护它们。	苍白，如果开始作呕会变得有一点淡绿色。	苍白，如果哭泣的话眼睛和嘴周围变红。	警戒状态时苍白，如果是惊喜的话肤色变成较温暖的颜色。	因为紧张而苍白；当不再紧张时肤色会变回正常。	血液循环加速而使肤色颜色变深。
孩子的感受			**孩子的感受**		
胃缩成一团，胆战心惊；心中感到冰冷而不坚定；肌肉紧张；更快的心跳；想上厕所。	胃搅成一团或感觉被握住了；因为呕吐的感觉而流出很多口水。	感到肩膀被重物压住，甚至胃部也被重物压住；眼睛湿润；喉咙和鼻子不受控制。	感觉心或者肚子紧了一下；心跳变快；肾上腺素增加；然后会放松或者流下放松的眼泪。	心跳变得更快；嘴很干；当血液冲向大脑时身体有一点虚弱；然后身体、四肢充满力量。	心如鹿撞；手或脚有一点热而微麻；肚子和后背很放松；身体有温暖的感觉。

读懂孩子的种种情绪

你不必费力学怎样识别孩子的情感迹象，为人父母，我们早已被赋予了神圣的职责，我们随时随地都能体察到孩子的需求，并随时准备解救困境中的孩子。然而，读了这本书，你会更快和更频繁地发现孩子的求救信号，准确无误地解读出孩子的真实需求。但是，我们的孩子很有必要学学如何洞察人的情绪。这样，在参加各类庆祝会时，他能够理解别人话里话外的意思，把握整体气氛，尽快融入聚会之中；在他人面临某种危机，处于某种困境时，孩子可以及时地，贴心地施以援手；在可预见的危险面前，孩子能智慧地绕道而行。（能够察觉并读懂别人情绪的孩子，无疑会更惹人喜爱，受人欢迎，也会收获更多的友谊，他们的生活将获得额外的奖励。）

体察他人的情绪是人类的本能，这种能力内置于我们的生命之中，以确保人类长久生存。刚出生的婴儿可以无师自通地感到身边的大人正在发怒，即便自己并不是他发怒的对象，宝宝暗淡的眼光可能意味着，他没看到生气的大人凶神恶煞般的表情，但宝宝一定听到了他语音语调的转变，并察觉到他身体内部的转变，比方说，心跳和体味。

出生几周后，婴儿的目光能够聚集在一张愤怒的面孔上了，6个月后，婴儿就可以区分出愤怒和高兴的表情了。到了5岁，你的孩子就能够从他人不同的呼吸模式中，清晰地分辨出三种主要情感的身体语言：愤怒、恐惧和悲伤。其他的更为复杂的情绪在未来几年内会逐渐加入他们的精神数据库。

在不远的将来，我们的孩子将面对一个问题，周遭环境会使他们愈来愈缺乏感知和解读情绪的能力。因为，我们所生存的世界不只在不断设置障碍，让我们无法察觉自己的种种情绪，还鼓励对他人的情绪熟视无睹。任何正规教育都无法抵消社会盲目性的弊端；我们可以把几个关键词教给孩子，让他们保持挖掘自己情绪的学习，有些关键词可能是大学阶段才会学到，但是到那时再学，至少要耽误 18 年的时间！

坦率地讲，教给孩子必要的技能的重任必须落在你的肩上，换句话说，你得着手建立自己的“情感定位学院”。你需要尽可能地熟悉上面图表列出的情感信号，然后帮助孩子熟悉它们。

学会情绪管理

一些情绪的身体语言，像两岁孩子的一串欢乐的尖叫，几乎无法控制，但孩子的许多非语言身体信号，无论是体内还是体外信号，完全可以加以控制！

孩子的身体里内置“安装”着某种管理工具。*在刚出生时，他就拥有一整套让自己平静的方式*——如睡眠，饮食，抚摸自己的脸，吸吮大拇指。若干年来，他继续发挥自己的“保留节目”，并学会有压力时自觉地深呼吸，需要恢复精神时稍稍溜号放空一阵，用自我安慰的策略接受各种各样的自己，从蒙头大睡到挖鼻孔再到……根据你对孩子的观察，你尽可以在省略号后填补内容。

大概从六七岁起，孩子还将学习如何管理他的外在身体语言，掌握防止情绪较大波动的艺术。例如惊喜时朝空气猛挥胳膊，生气了拼命跺脚。又要过上几年，无论是大人不让吃冰激凌时的沮丧，还是看不见讨人嫌的艾米阿姨时的兴奋，孩子都能修炼得一脸“波澜不惊”。也许需要花更长的时间，孩子才懂得不仅要掩饰消极的情绪，反之，还得流露出积极的样子，即便非常不喜欢某件事时也要礼貌地微笑，而不能显得无聊扫兴，即便针对自己反对的观点，也要温和地回应对方，不能粗暴顶嘴。而一旦孩子了解了积极的身体信号会让他获得更多的好处，他会学得更快更好。

意识到自己的情绪

让孩子意识到自己的情绪状态和变化非常重要。下面介绍如何做。你也可以参考前面介绍的各种内心感受的生理信号。

- 时常谈论你孩子的情绪，不只是在他悲伤或高兴的时候，还要在他平静并且能够进行理性思考时讨论。
- 关于孩子情绪的谈话永远不要是“帮你解决问题”或“让你变得更好”，这样会立即让他进入自我防备状态而不愿继续谈论这个话题。
- 当你开始谈话时，问问你的孩子身体的哪几个部分感受到情绪变化：最可能的是胃、后背和胸腔，也要问问头部、眼睛、嘴、脖子、手和脚的感受。
- 和你的孩子一起在他能感受到情绪的身体位置上涂上颜色。
- 问问他感觉怎么样：热还是冷、重还是轻、艰苦还是平顺、湿或干、痛苦还是开心、移动还是平静。
- 问问他看到什么样的图画，画里有什么，大小、形状、颜色、明亮度等。

- 问问他听到什么声音：高低、强弱、快慢等。
- 问问他会感受到什么样的情绪变化。什么使他的情绪发生变化？一个拥抱？一块手绢？能说话了？能哭了？
- 帮助你孩子使用比喻来描述他的情绪。他的情绪像什么？动物？还是一个他认识的人？他们出声或者说话吗？
- 使用孩子自己的情绪比喻来和他讨论情绪。期待这些比喻会随着他情绪感觉的变化而变化，一直到他成熟。
- 一旦和你的孩子讨论情绪变为一种习惯，你就会自然地使用这种方式在他不高兴的时候和他谈心，了解他为什么不高兴，并自然而然地问出“什么会让你高兴起来”。情绪意识应该是一个引人入胜的游戏，而不是一种心理治疗。

帮助孩子认识情绪

带孩子一起做一个认识情绪的游戏：“你觉得那个人现在感觉如何？”

- 让他为所有看到的情绪起名字，这样他就有了一个情绪的词汇表。
- 告诉他你的情绪，这样他就可以比较他看到的你的身体语言和你实际的感受。
- 利用电视上人物的强烈的情绪表现来帮助他认识情绪。问问他：“那个角色现在是什么感觉？那个感觉是什么样的？你怎么知道的？”
- 让他注意观察眼睛、眉毛和嘴——调查表明这三处地方的动作信号是最经常用来表达情绪信息的。

- 一个对身体语言信号非常敏感的孩子会经常有向下瞥的动作，这个动作说明他正在使用“感觉渠道”进行思考，这说明他有一个关于情绪的思考。

情绪管理因性别而异。男孩们普遍认为过多的面部表情是弱者的表现，女孩则早早就懂得甜美的微笑能引来赞赏的目光。情绪管理也因文化差异而有所不同：与希腊孩子相比，日本孩子从小接受的教育，使他们很早就学会让脸上的表情平和有礼；而反观法国家庭，两岁的孩子做出让大人尴尬的事情，做妈妈的只会轻描淡写地一笑了之。另外，情绪管理因场合而异：通过一门重要的考试，孩子流下喜悦的眼泪是得体的行为；但是在一场团队比赛中，遭遇异常艰难的困境时，眼泪必须要草草收回，男儿有泪不轻弹嘛。

很显然，外部和内部情感管理方面是相辅相成的。如果你的孩子在沮丧低落时你教导他要挺胸抬头，他会从中积累经验，懂得在困难面前不低头会让他感到快乐。而另一种快乐的情绪则会产生别样的作用，快乐思维能让孩子无惧人生中的困境。为什么会这样？实际上，身体保持直立，大脑进行正面思考，会让孩子的心率下降，血压恢复正常，浑身肌肉放松，这样一来，他就会感到浑身舒畅，精神抖擞。当孩子意识到体内信号可以相互作用，情绪管理对他而言就不再是什么难事。你也可以与孩子一起，从最后一课开始，从后往前教给他如何进行日常情绪管理：外部身体语言和大脑内部的情绪和思想，如同串联电路一样协同工作。鼓励他回想一下当自己体验负面情绪时，是如何让自己冷静下来的；这不仅是切实可行的方法，同时也是一种积极思维的策略。然后，以他的行动计划为底本给他一些建议，比如短期高强度的体育锻炼、有意识绽放的微笑（在血液中释放快乐荷尔蒙）和积极的自言自语。本书中讨论压力的部分提供了更多的建议，大家可以参考。

此外，你应该鼓励孩子观察他的同龄人怎样处理情绪问题，想想他是否赞同伙伴们的做法。这会大有裨益，特别是如果在社会束缚真正干预到孩子情绪管理之前，你能够对他形成正确引导，那么，你可以松一口气了，通常，对于什么样的情绪是适当的，孩子们往往拥有绝佳的判断。如果某个朋友经常爱生气，孩子会本能地知道，生闷气于事无补；如果另一位朋友习惯冷静地处理冲突，孩子也会本能地知道，这样才能收效最佳。尊重这种本能吧——*如果孩子还童心未泯，能够触到自己心底的种种情绪，那么在管理情绪上，他比你更直观而有效。*

给予情绪化的孩子爱与支持

人们都说，孩子更适合任情绪自在地奔流宣泄。不管长到多大，孩子们不时地需要沉浸在挫败感中，意志动摇然后痛快地哭一场。一般来说，这些情绪都是由于一些鸡毛蒜皮的小事，什么玩具弄丢了，甜甜圈掉地上了，过一会儿他们就雨过天晴了。那句俗语“一时阴雨一时晴”，八成是一位两三岁孩子的母亲想出来的。尽管如此，我们也不能忽视这些小事，沉浸在情绪中不能自拔的孩子仍然需要我们帮他们走出困境。

首先要做一件最重要的事——你要体会自己的真实感受。*孩子的遗传编码早已设定，他们会从周围的人那里获得模仿样本。*所以如果你生气或沮丧，即使你没有意识到自己的情绪，或大声宣称“你做得好”，孩子仍会从你身上学到言不由衷的非语言暗示感到更加困扰。同样地，如果你总是显得轻松而无忧，孩子也会接收到这些细微的身体信号，把它们翻译为生活是无忧无虑的，尽管放松，无须杞人忧天。

帮助孩子平静下来

下面介绍的方法帮助你的孩子在感觉特别紧张但又需要镇定时真正镇定下来。

先在孩子情绪比较好的时候试试。让他想想有没有过什么时候他感觉特别平静镇定，或者他知道什么人处于那个状态。然后问问平静镇定看起来是什么样的，他能不能学着做“平静”的样子，例如平静地站着或坐着，头部是怎么放的？感觉是什么样的？另外，一定要注意眼睛和嘴的动作。平静时说话的声音是什么样的？这个练习要简练，不要做太长时间。在结束前，让你的孩子记住这次练习，并且当下一次他感觉紧张时尝试做这次练习中他做的事情。经过多次尝试之后，他就会不自觉地进行自我调整并镇定下来。

因此，在你接触一个不开心的孩子时，要先让自己沉静下来。你把身体语言的相关技能先用在自己身上：呼吸，呼吸，再深呼吸，其实，放松自己也是帮助孩子的一种方式；然后再使用经典的全身放松法：先绷紧，再放松肌肉；试试上面提出的方法，这些本来是为孩子们准备的，但是在家长的身上同样适用（本书中所有方法全部适用于成人）。

请记住，孩子情绪化的哭泣，最初就是为了解决生存问题——吸引身边的大人赶来帮助自己。所以，最快最见效的安慰剂，就是及时让孩子知道你就在他身边，时刻守护着他。面对哭泣的孩子，你会立刻采取一种最直接的本能的方式——触摸孩子的身体。孩子年龄越小，妈妈的触摸越能使他清晰重温子宫的记忆。所以，拥抱一个啼哭的宝宝吧，给他一个直接的、坚定的、密不透风的全身心大拥抱，再裹上一条毛毯增加这个拥抱的力量。抱着孩子小小的身躯左右摇摆，让他感觉到就像在妈妈子宫里一样，把他抱起来贴近你的心脏，这样他就能听到你的心跳——一种带着温柔杂音的有规律的节奏。

大一点的孩子，特别是青春期少男少女们，可能羞于被妈妈的怀抱紧紧束缚，但他们仍然期待一个轻轻的拥抱，或一只手有节奏地拍打后背。很多的情绪和感觉会给孩子的身体带来压力，这种压力通常聚集在孩子脊柱线上，缓解压力的一个好办法就是轻轻抚摸和按摩他的腰部、背部。

如果你的孩子拒绝任何的肢体碰触，那么你自己寻找方法与他的活动相呼应吧；你不妨重复他的动作，这会让他相信你陪在他身边，并始终理解和支持他。请注意他身体的摆动，他的措辞和呼吸；然后用你的手跟着他打拍子，并逐渐地进入一个缓慢平和的节奏。孩子慢慢平静下来，这时你可以自然地过渡到下一步，与他聊天谈心，把困扰他的心结慢慢解开。想引用我的一个调查对象说过的话，你可以通过身体语言“与他眼神交流……安静地陪伴彼此……让他来主宰你”。

当孩子的情绪混乱时

如果孩子正处于单一情绪之下，问题很简单，直截了当地处理它即可，但是事实并不总是这样。*当他的情绪矛盾，彼此不一致的时候，事情就变得有些棘手。*他可能用尽全身力气在试图摆脱这种状态，但他根本不知道发生了什么事，更不用说能够把它用语言表达出来。

是什么引起了孩子的情绪矛盾？新生儿的情绪极为单一，感受单纯，某一种情绪总会贯穿他小小的身躯。时间推移，孩子慢慢长大，他领悟到自身的某些情绪是不可接受的。家长经常警示孩子，不要让自己处于挫败感、愤怒、兴奋过头或厌烦等情绪当中，结果当孩子产生类似负面情绪时，焦虑和罪恶感的砝码又压到他的心上，他试着掩饰和摆脱那种情绪。这样一来，不可避免地，孩子的内心百味杂陈，十分纠结，情绪混乱。

10 岁的杰米对学校的郊游跃跃欲试，而他又羞于在同学朋友和老师家长面前有丝毫流露。这时，在杰米的身体里，兴奋、焦虑和愧疚数种信号在神经系统中互相交织角逐，玩着一场追逐胜利的游戏。一会儿这种感觉占了上风，一会儿那种又夺了魁，反复来回，杰米感到困惑和错乱。从外表看起来，杰米的身体语言总是不协调地反复地在两种情绪间摇摆，时而高兴，时而生闷气，时而自信，时而紧张，时而眉飞色舞，时而消极无力，直到身边的每个人都被他逼得心烦意乱。

这种过山车式的情绪起伏可能造成长期的不良影响。*如果你的孩子经常感到情绪混乱，面对外界压力和疾病，他可能更容易感到脆弱，甚至患上抑郁症。*另外，研究表明，孩子们展示出心理不一致迹象，容易被其他孩子和大人看作不可信和不诚实的人。对孩子来说，这不是一种有益健康和成长的体验，对家长来说，这也不是一件容易处理和让人心情舒畅的事。

你也会面临情绪混乱

如果事情恰恰相反，体验情绪混乱的人是你，而你的孩子正在你身边困惑地处理与你的关系，那么事情又会怎样呢？如果硬要说你的问题与上文谈到的孩子问题有区别的话，我只能说，事情更糟糕了。

举个例子，假如你非常生气，但是想用假笑掩藏内心的怒火。你的孩子会察觉到两种混合且矛盾的身体信号，他一准儿会不知所措。他问你发生什么事情，你肯定会接着掩饰说，没事，都很好，这样一来，孩子只会产生更大的疑惑。这时，如果你的身体语言又传达愧疚的歉意（觉得不该在孩子面前生气），或者略微尴尬（你的情绪被孩子察觉到了），面对你的孩子，你如同打开了潘多拉的宝盒，你的种种身体信号把他弄得眼花缭乱。研究证明，*如果孩子一整天都得接收家长的混乱的身体信号，他将会烦躁不安，心情糟透了。*所以，当孩子的行为举止有异时，你得考虑考虑是不是由于自己的混乱造成的。

不协调的身体信号

尝试观察下面列出的当孩子有混合的或者冲突的情绪时的身体信号。

- 当行为和语言相矛盾时，平静的语言但是双拳紧握；高兴的语言但是悲伤的眼神；肯定的词语但是轻轻摇头。

- 当眼神和嘴形相矛盾时，微笑的嘴形但是红肿的眼睛；生气的嘴形但是迷惑般皱起的眉毛；内疚的眼神但是恶作剧、淘气时呈现的嘴形。
- 当动作和表情相矛盾时，高兴的表情但是突然狠狠地盯着你看；自信的表情但是时不时向旁边瞥（害怕的标志）；顽固的表情但是闪烁的泪光。
- 当右侧和左侧相矛盾时，头从左晃到右；手、手臂和肩膀表现出一种稳定平衡的动作；眼睛左看右看。
- 当身体自相矛盾时，生气的动作配合麻痹的身体；紧张地抓住然后静止不动；先是发脾气然后哭起来。

帮助情绪不协调的孩子

在孩子长大到能够独立处理情绪冲突以前，家长需要帮助孩子解决问题。下面这些建议可以提供给你和你的孩子。

身体语言的安慰 因为孩子的身体自相矛盾，应该使用所有非语言的方法来让他获得安全感。当他感到安全以后，所有的冲突情绪都会倾泻出来，所以对于他痛哭或者生气咆哮做好准备。

使他安心 因为他需要知道他自己不是一个坏人，所以告诉你的孩子有情绪冲突是很正常的情况。这会使他第一时间感到放松并产生希望，有可能一下就会驱逐走低落和冲突的情绪。

具象化 因为他的每一种感觉都需要倾诉出来，所以想象一下他每种身体语言在诉说什么。可以问问：“你刚刚想表达什么？”“你的眼泪告诉了我什么？”想象眼泪可以诉说似乎对成年人来说很奇怪，但是对于孩子来说再自然不过了。

理解原因 要改变孩子的情绪状态，需要你和他谈话或者进行别的活动来了解给他带来情绪冲突的原因。你需要知道他复杂情绪中每一种的原因，而不仅仅是其中一种情绪的原因。所以要不断地观察并且关心你的孩子，让他表达所有的情绪——并且对其表现出同理心回应，直到你认为他把所有想说的都倾诉出来了，这时你差不多就明白该做些什么来解决问题了。

了解了情绪混乱是什么，会导致什么结果，将会对你的孩子很有帮助。下一次当家人、朋友或电视上出现的人物经历着情绪混乱时，你可以好好地给孩子解释一下这种情况。另外，孩子感到情绪混乱时，你们要一起开诚布公地谈谈他所经历的感受；上面的内容提供了一些建议，希望可以帮助你们。

最最重要的是，一旦你自身感受到了情绪混乱，切记，要敢于承认并明白地告诉孩子。孩子长到一定年纪，问出这样的话："妈妈，你生我的气了吗？"这样的发问说明他已经长大，完全可以接受你的正面答复，你可以尽管诚实地说："是的，我很生气，但我知道你不是故意调皮捣乱的，所以我压着火不吼你。"无须事无巨细地说太多细节，只要让孩子知道，他的妈妈处于两三种情绪中，所以他会不明白状况，这样就好。

坦率承认你的情绪混乱对于已经察觉到你不对劲儿的孩子来说，不是什么坏消息。它反而是种解脱，因为他醒悟过来他没在幻想些不存在的事。因为他不必内心矛盾地自我否定关于你身体语言的所见所闻。

不平衡情绪的标志

无论孩子是可以隐藏还是真心流露，都会有一些标志表示他们需要帮助。下面针对两个经典案例进行了分析。

	过度控制的情绪	过度释放的情绪
为什么？	孩子想当“乖孩子”，但是害怕流露出自己的真实感情，并且对此感到紧张。	孩子处于自然的情绪化的状态，当处于情感危机中还没有学会如何控制情绪。
例子	凯伦，10岁，对于假期计划非常生气和不满，但是想表现为“乖女孩”并隐藏自己的真实情绪。	13岁的苏西感觉自己处于两难之中：父母希望自己留在家里，朋友们希望自己出去玩；当她受到这种压力时感到愤怒而恐慌。
你会看到什么？	凯伦变得十分安静；身体有些向内收缩的姿态；脸色苍白，表情麻木，只有一点点的生气和泪水；她避免看别人的眼睛；一直坐立不安，表现出她压抑中的愤怒；不想谈论或者听到引起她真实感情的话题。	苏西突然间就崩溃了；她的动作有力并且不受控制，夸张并且重复；她的脸部表情是受控的，一直盯视的眼睛中带着眼泪；她的心跳加速，肤色变深；对于想要让她安静下来的举动表现出非常生气的反应。
你会听到什么？	话非常少；凯伦不敢说出她想说的话；当她说话时，她说得很平静，不含任何情绪。	说话声音非常大；不断重复着“我不知道”、“不需要你告诉我怎么做”一类的词语；语无伦次。
孩子感觉到什么？	她想象出一个不快乐的假期即将来临；她内心的声音说“别犯傻，什么也别说”；她感觉沉重、麻木，没有任何感觉，这是因为她想要忽略她的情绪。	想象着和朋友在一起；她内心的声音说“我想出去玩”；感觉自己在两种感情中挣扎，一会儿在这边，一会儿在那边；心处于水深火热中，打翻五味瓶的感觉。

特殊问题特殊对待

考试成绩惨不忍睹，被人甩了，身体受伤了，心爱的狗狗跑丢了……无论哪一件，都会让孩子觉得——今天就是世界末日。把这本书读到这儿的你应该可以发现，我一直在探讨孩子每天体会到的正常情绪，但是，有时候孩子会出现极端情绪。

像刚才提到的那些“世界末日”一类的事件发生后，孩子的世界一瞬间天昏地暗，沉重而极端的情绪几乎把他击垮，他的怒气、伤心可能持续数个小时甚至几天。也许，他会封闭自己，与外界彻底隔离，而又拒绝向人承认自己面临问题。

不管极端情绪化的孩子演出了怎样戏剧性的情节，这确实不是件让人放心的事。即便孩子外表看起来一切正常，身体语言也没有泄露过多信息，但是他的身体内部正在经历一场“劫难”，让他畏惧，让他无法相信事情会好转。这样的情况持续上一阵子，孩子只能身体生病或更严重地患上精神抑郁症。

我在这本书里，并没有提供长久有效的方案，以解决孩子的深层精神困境，那需要专业的心理咨询和临床治疗。尽管如此，在书的前面，我已经列出了需要你高度重视的身体语言信号，一旦孩子出现了这些信号，问题可能已经较为严重了。下面的内容告诉我们如何处理孩子情绪过少或过激的问题，还提出了一些有建设性的意见。

如果情绪表露太少怎么办？

孩子把自己封闭起来是因为他害怕表露自己的情绪——甚至害怕感受到情绪。你要一点一点来让他打开心扉，这通常需要几天或几周的时间。

- 放松，深呼吸，做所有可以让你自己保持镇静的动作。
- 保证你的身体语言是温柔的，没有威胁的。
- 使用“复制”技巧，巧妙地重复或者回应你孩子的身体语言，让他感觉到安全和被理解。
- 尽量多地进行身体接触，握住他的手，或者拥抱，或者偎依在一起。
- 如果你对于孩子碰到的问题也感到伤心、恐惧或者愤怒，那么让他看到一些你的情绪流露——这给了他流露出他的情绪的“许可证”。
- 如果他最终向你流露出了他的情绪，告诉了你他的感受，一定要表现得很高兴，即使你觉得他还隐瞒了什么。把你生气的情绪控制住，过后再释放。现在你的孩子需要知道表露情绪是安全的、正常的。

如果情绪表露太激烈怎么办？

一个情绪完全失控的孩子多半是被什么事情吓到了。你需要帮助他重新控制他的情绪，既要温柔又要坚定。

1. 温柔地看着孩子的眼睛，让他也看到你，不断地重复说他的名字，镇定而大声，直到你发现他开始镇静下来了。

2. 一直陪着他，确保他不会伤害他自己——或者你。

3. 陪着他走一走。

4. 让他一直抬着头，并且看着视线水平线以上的地方。

5. 让他做一些复杂但是没有危险的体育活动来转移他的注意力，例如摆动手指若干次，然后次数不断增加。

6. 让他做一些复杂但是没有压力的精神活动来转移他的注意力，例如数数壁纸上有多少个三角形。

7. 让他深呼吸，慢慢地做。

8. 当他恢复时他很可能需要睡眠。给他盖好，并且活动区域保持在能看到他的范围内。

从出生起，孩子的身体语言就与他的个性密切相关。

认识孩子的个性

这一章，请让我们从打破一个误解开始。*人们普遍认为，身体语言可以反映人的个性，其实并非如此。*这儿有一个大陷阱，人们常常轻易地掉了进去。我们往往根据一个人的身高、体重、外貌、穿衣风格、性别，甚至还有人根据脸形来判断他人的个性（详见下页的表格）。

更有甚者，我们常常在初遇一个孩子的 10 秒内就完成了对他的全部判断，这是多么错误的做法呀！如果我们与他们再多相处 10 分钟，我们就会全盘推翻最初的判断，而形成了更准确的全新判断。对任何年龄的对象，我们都倾向于如此判断，所以在看到一个小宝贝后，我们可能会立刻说“好可爱的女孩啊”，唯一的根据就是我们看到宝宝穿着粉色的小衣衫，而不是蓝色的。

目前我解释到这里，很多人应该可以理解本章开头我所说的“误解”了。外表不代表个性。穿着粉衣服的宝宝可不一定比穿着蓝衣服的宝宝可爱，个头比同龄人高的孩子不一定智力发育也高过别的孩子，红发孩子不一定比棕发孩子的脾气暴躁。相比起来，穿衣风格反倒可能会体现人的个性品味，但是孩子们穿着打扮的选择可能与性格无关，仅仅是跟朋友的风，随潮流学明星，一句话——为了扮潮装酷。

第一印象的重要作用

当人们遇到别人时，他留下的第一印象决定于他关注别人个性的哪个方面。下面表格中的信息帮助你了解陌生人遇到你孩子时期望看到什么。

别人看到什么	给别人留下的印象
性别	男孩被期待更有闯劲儿，坚定果断，自信；女孩更顺从，善于交际。
身高	高的孩子应该能更聪明；矮的孩子需要受到保护。
脸形	一张婴儿脸的孩子让人觉得很脆弱；一张成熟的脸的孩子让人觉得更可靠和放心。
头发的颜色	金发让人觉得不成熟；深色的头发让人觉得聪明；红发让人觉得活跃而聒噪。（译者注：西方人种的头发颜色会随着年龄的增长而不同；中国人却不会。所以此处介绍的发色印象仅有参考意义。）
时尚感	很时尚的孩子会被认为不够聪明或不可靠；很不时尚的孩子会被认为不够自信或者不善交际。
眼睛	戴眼镜的孩子被认为聪明但是不善交际。
是否有适合他实际年龄的外表	如果孩子打扮得比他的实际年龄成熟会让人觉得性感。

但是问题在于，*即便我们知道了存在这种“以貌取人”的误解，你还不能忽视一个事实——人们初见你的孩子时仍然会以貌取人。*因此，我要建议你，与对待其他身体语言的方式一样，如果你的孩子外表在他人际交往方面拖了后腿，你最好还是帮他改善一下。

别担心，我说的改善不是指整形手术或健身运动，也不是要你去改变他的肤色或体重，当然如果一个孩子的体重与身高比例和谐的话，就能给人以拥有健康而自律个性的好印象。我想说的是，让孩子养成良好的生活习惯，注意个人的仪表，的确对他的生活大有好处，经常洗澡、体味清新的孩子看起来更自信体面，紧随时下流行潮流打扮的女孩容易被朋友们接受，而按自己年龄打扮的姑娘，则更讨大人们的喜欢。如果你的孩子想在这些事情上有所改变，既合情合理又简单易行，那我们帮助他们做些改变，何乐而不为呢。

个性模式

如果外表不能精确指向孩子的性格，那么究竟什么才可以呢？直接的应激反应显然不可以：被炸了的气球吓了一大跳，打开生日礼物时发出欢快的大笑，这些反应既不能说明你的女儿是个易受惊吓的胆小鬼，也不能轻易判定她拥有知足乐天的个性。

*孩子长期发出的身体信号基本上是我们最能感知孩子个性的途径。*想真正了解一个孩子的个性特征，需要观察孩子长期而频繁发出的身体信号，那些信号已经被编入身体内部，永久地打上了烙印。孩子习惯性的肌肉运动通过这些身体信号直接地传达出来，同时，肌肉运动也是惯常思维感受最直接的表达方式。这是我们最能感知孩子个性的途径。

身体语言是一幅描绘性格的指示图。那么，孩子们的那幅指示图是否清晰易懂？我们可以说，孩子年龄越小，身体语言示意图能提供的线索越少。身体语言不是一朝一夕就定型的，需要一段较长的时间。此外，孩子们在长身体的过程中，身体不断地快速变化，比如在他们柔软而有弹性的皮肤上，微笑和皱眉不会像成年人似的容易留下纹路记号。但是，*即便是观察两岁大的小孩子，人们也能很容易看出他们是爱笑还是爱发愁。*当孩子们长到 8 岁时，绽开笑容和皱眉头这样的表情已开始在他们依然稚嫩的脸上刻下印记。

个性地图

以下介绍的身体特征是人们经年累月积累起来的，它们反映了这个人的个性。

- 姿态　你的孩子站、坐、行的姿态，身板挺直还是弯曲，如何歪头。
- 话音　他说话的方式，他话音的语调和语速，节奏和音高。
- 手势　他的动作是大大咧咧还是谨小慎微，是轻松还是紧张。
- 表情　他的嘴角是上翘还是下垂，额头上有没有皱纹。
- 距离　他是想向别人靠拢还是保持距离，看不看别人的眼睛。

个性内向还是外向

我们用一个简单的例子来对比一下内向性格和外向性格的特征，当与人共处时，是精力旺盛、不知疲倦，还是精疲力竭、快快不乐。提到内向 / 外向这个性格谱系，*人们一般把社交能力作为评判标准，其实这种观点不可取。*真正的标准应该是有人陪伴能不能让我们振作和兴奋起来。所以我们说，一个外向的孩子可能并不比内向的社交能力强很多，但是在某个群体之中，外向孩子可能感觉良好，备受鼓舞，而处于相同环境下的内向型孩子则会心烦意乱，甚至心力交瘁。

拿一对姐妹的例子来说明一下吧。这对姐妹是我早期一个问卷调查对象的女儿。8 岁的茱莉叶,在消除婴儿的“生人恐惧感”之后，大家就能从她的身体语言中观察到她逐步显露的外向型个性特征：她经常保持全身放松的姿势，平时喜欢舒适地窝在沙发里，坐椅子上的时候也是四肢舒展，双肩打开背靠椅背，好像在敞开胸怀拥抱世界似的。所以，茱莉叶的姿态通常是轻松舒展的，她美丽的眼睛乐于跟别人对视，说话时会不自觉地伴以许多生动的手势，而且她热爱谈天。这些都是典型外向型个性的肢体表征。

与茱莉叶相反，她 10 岁的姐姐塔玛拉则是非同一般地内向。据她妈妈描述，塔玛拉已经微微有些驼背，脖子那儿的肌肉紧绷着，几乎从不抬起头与人对视；常用一条毯子把自己牢牢裹起来，或者干脆连头一起躲进被子里；家里开派对她总是兴味索然；平时，她总是垂下眼睛或目光飘至远方。总之,塔玛拉是个性格讨喜的小女孩，但是的确厌恶人群。

因此，如果仅有一个伴儿陪着她，塔玛拉尚能自在应付，但是她的性格底色使得独处时光让她更加心情舒畅，她自我保护式的身体语言清晰地表达了她内心深处的渴望，而这种语言也常常成功地隔绝了他人的接近，让她获得了更多的独处空间。而妹妹茱莉叶并不需要这种独处空间，由于性格使然，她喜欢多多与人相处，她开放自我式的身体语言也让人们更愿意亲近她。

个性的养成：先天，后天

我们的疑问随之而来：像茱莉叶和塔玛拉这样，亲姐妹俩却拥有如此不同的肢体语言，这是生来如此还是后天习得的？我们说，这是先天与后天共同作用而成的。*孩子个性的养成都是来自先天与后天因素的共同作用。*

普通=最佳

这个观点让人悲伤，但是是事实。人们对于“漂亮”和“穿着得体”的孩子会有更好的印象。我们认为这样的孩子更聪明，更具有吸引人的个性，更和善更可爱。“好看”意味着更好。

但是我们对于“好看”的定义是什么？实际上，是“普通”。使用全社会的人脸在计算机中进行数学平均后得出的脸庞是最吸引人的。

这种偏见是天生的。即使是两三个月大的孩子也会注视最“普通”的脸庞很长时间。

性格外向的孩子的神经系统生来就倾向于期待外界的激励和肯定，而性格内向的孩子则不太期待类似鼓励，甚至惧怕过多的外界关注。也就是说，*甫一出世，我们的神经系统类型就为我们选择了相匹配的身体语言。*虽然我没有见过塔玛拉和茱莉叶刚出生时的样子，但我可以大胆地推测，茱莉叶从那时起就喜欢微笑和与人目光对视，获得她需要的关注，而姐姐塔玛拉则封闭在自己的世界里，不太使用身体语言与人交流。

随着两个小姑娘慢慢长大，她们的性格和身体语言也顺着原来的方向发展。塔玛拉是家里的老大，所以总是没有伙伴，她习惯并满足于独处的状态，慢慢地，她的身体语言也越来越强烈地发出期待与他人保持距离的信号。妹妹茱莉叶是在姐姐的陪伴下长大的，也习惯了总有人陪在身边，在生活中她通过身体语言告诉他人，她期待并欢迎别人加入她的世界。

你是否在猜测，两姐妹中是否一定是老大内向，老二外向吗？她们的性格是否也会互换？当然可能互换。事情可能完全相反，塔玛拉在妹妹出生前的两年内，都是家里的独生女，因此她内心充满了与人交往的愿望，她的身体语言也逐渐养成外向型，以便获得人们的关注。而茱莉叶作为家里的小女儿，从出生起就被父母和姐姐围绕着，她很可能在心里悄悄渴望着独处空间，她内向型的身体语言也会与人逐渐拉开距离。她们神经系统的类型并没有发生改变，塔玛拉性格底色仍然是内向，而茱莉叶则是外向，但是不同的成长轨迹把她们的性格引向相反方向，她们也随之形成不同类型的身体语言。

不管你的孩子选择行走在哪条人生旅途上，怎样发展其个性，但是产生的结果都是一样的——*个性塑造出变化的身体语言以及不变的身体语言类型。*相应地，他人对孩子的身体语言的回应也是相互一致的。我们到底会不会改变？嗯，可以说很有可能。

体型和个性			
孩子的体型和个性当然没有什么绝对联系，但是他的体型和别人认为他是什么样的个性是有联系的。老师们会对三种标准体型的孩子有如下的印象。			
	胖型体质	**瘦型体质**	**中型体质**
孩子的体型	椭圆形，大肚子	瘦弱，没有肌肉	肌肉发达，宽肩，结实
孩子看起来的样子	如果是女孩，有“曲线美”；如果是男孩，矮胖的	如果是女孩，有男子气概并有吸引力；如果是男孩，书呆子似的	如果是女孩，看起来不像女性；如果是男孩，很帅很有吸引力
看起来的健康程度	不健康	健康但是运动能力差	健壮，运动能力强
看起来的聪明程度	慢，懒，不聪明	聪明，有竞争力	机灵，但不是最聪明的
看起来的气质	放松的，随和的，任性的	焦虑，神经质的	有进取心，自信，成熟
看起来的社交能力	友好的，有趣的，热心的	高度自我管理的，难相处的，不友好的	主导的，社交能力强的

多种多样的性格类型

如果用身体语言表述和定义的话，除了塔玛拉的内向型和茱莉叶的外向型，人有很多性格类型。下面我来说说三个例子。

1. 心理学家大卫·麦克理兰的研究表明，一切刺激和影响个人的因素都将引导个性的发展。“成功型”孩子总是全面发展：学校的课业，体育成绩，校园社团活动，样样都做到最好；这样的孩子往往身姿挺拔，行动一般有目的而敏捷，而且语速较快。“有影响力型”孩子则追求自己的路：他们走起路来昂首挺胸，说话时嗓门洪亮。“讨巧型”孩子则渴望得到肯定：他们总是把脑袋歪向一边，似乎一直在聆听他人说话，他们喜欢与人拉近距离，有肢体接触，并且始终在观察对方，确保对方对自己表示满意和欣赏。

2. 心理治疗师维吉尼亚・萨提亚曾指出，人们处理压力危机的方法取决于他们的个性。我们可以从个性名称中找到线索：“埋怨型”孩子总爱归咎于他人，说话时，她紧绷的声音总是尾音升高，还老爱紧皱眉头。如果你家年仅 15 岁的孩子已经有皱眉纹了，那么我不得不说，你家的这位是个埋怨鬼。“歉疚型”孩子也总是看到人们所犯的错误，但她喜欢把错误归咎于自己；这样的孩子老爱弯着腰，驼着背，说话含混迟疑，还总用手捂住嘴巴，仿佛早就紧张得说不出话来似的。我用“她”来指代这样的孩子是因为这两种个性类型的多半是女生。“机械型”孩子隐约感觉到压力的存在时，往往很快进入解决问题状态，他们似乎也像机器人一样，身体僵硬，表情刻板，说话时语气平平。这种类型多半是男生。“否认型”孩子做事时总爱否认一切问题的存在；一旦脑子里有事困扰时，他们便东奔西跑地闪躲逃避，高频率地眨眼睛，期待这能让自己忘掉烦恼。

3. 心理学家马丁・塞利格曼发现，每个人都在乐观主义者和悲观主义者之间摇摆不定，总在抱最美好愿望和做最坏打算之间游走。孩子是否相信“世界是美好的”部分取决于他的生活经验，但是这种特性也来自先天遗传：在宝宝学会说话前，他总是异常活泼可爱，天真地圆睁双眼，好奇而热情地看着周围世界，这种身体语言足以表明你拥有一个天性乐观的宝宝；而天性悲观的宝宝，在会说话前，他怀疑不定的目光早已泄露了他的个性。在一项有趣的调查中，调查者把中学毕业纪念册里每个人照片上的笑容快乐度与他们几十年后的人生幸福指数相对比，调查者发现了其中清晰可辨的关联性。看看你孩子的纪念册照片吧，他的脸上是不是也写着未来生活的信息？

个性会发生改变吗

你的孩子可能拥有一种快乐的个性，也许是痛苦的个性，不管是哪种情况，你偶尔会希望能为他更换一种新个性。也许，你会抓狂地渴望你家七岁的性格内向的儿子多多跟人相处。也许，你常常热切地期望看到青春期的儿子不再是“讨好型”的个性，哪怕有一次挺胸抬头地站出来维护自己的权益。身体语言到底会不会带来个性的转变？我们说，这个问题不好界定。

我们可以说，身体语言无法改变个性。孩子的整体个性无法通过小修小补而在短期内迅速改变。他就是他自己：一个复杂得令人难以置信的多元素组合，而且大多数元素是建立在概念之中的。所以，你如果想让孩子发生翻天覆地的变化，抑或想修正他根藏内心的个性缺陷，单纯依靠身体语言的训练是行不通的。你也许需要跟孩子一起面对这些问题，制定一个详细的行动计划，如果有需要的话，还得一起去看专业心理医师。

但是我们也可以说，身体语言可以改变个性。个性的很多表层因素可以通过身体语言的塑造来加以改善。*如果你仅仅是想让孩子在行为上做出改变，并且孩子也愿意改的话，那么身体语言绝对可以帮上忙。*哪怕你的愿望违背了他的天性。孩子若是能重塑身体语言的话，他的个性也极有可能发生改变。比如，经常微笑能让一个容易焦虑的孩子放松下来；保持挺拔的站姿可以让一个“讨好型”孩子看上去自信而坚定。

但是，不要忘了，如果孩子的身体语言发生改变，那么，他周遭的人也会改变与他相处的态度。爱焦虑的孩子变得爱笑了，家人和朋友们会积极地回应他的微笑，慢慢地，他的世界将变得充满阳光和笑声。唯唯诺诺，爱讨好人的孩子站得像小柏树一样挺拔了，不仅看起来自信了许多，他内心的自信也会与日俱增，而身边的人看到自信的他，会比以往更积极地回应他的要求，那么孩子将越来越感到事事顺心，信心倍增。身体语言发生变化，孩子生活中的很多东西，也会随之微妙变化。

正如我前文提到过的那样，我们可以首先考虑的操作路线是从孩子的外表下手。化妆、整容我们决不推荐，但是，至少我们可以鼓励孩子健身减肥，保持健康的体魄，着装整洁得体，看起来——就像我妈妈常告诉我的那样——要“像模像样”，在我们的悉心料理下，孩子会逐渐成长为一个自信而能干的人。尽管我们只是改变了浅薄的外表，但是很多时候，这非常有效。

另外，你可以为孩子提供多样的身体体验。不妨劝他多参加几项运动吧？试着学学跳舞如何？戏剧课呢？或者去上上亚历山大疗法（旨在纠正不良姿势、保持身体平衡性的互补性疗法）的课程，纠正一下他的身体姿态？*热爱体育运动的孩子一般比较注重身体内外传递的信号，比起不爱运动的人来说，这类型的孩子更具备与人沟通的能力。*因此，带他去跳牛仔舞，到实验小剧场演演舞台剧，试试登山远足或跆拳道又何妨？孩子参加了这些新鲜好玩的活动之后，他的站姿、举止和姿态，还有心理感觉，都会有惊人的改变。

当然，你也可以在家庭补课时有意识地抵消孩子个性中你无法忍耐的成分。带内向的孩子多出去走走，放松精神，让他与人相处时，无论是内心还是外表，都呈现自在轻松的状态。你家爱抱怨的孩子，说话时总爱抢着表达观点，这时你要记得提醒她嗓门放小点儿。如果你的孩子是“歉疚型”，在她说话时鼓励她放大胆，别犹豫。“悲观型”的孩子如果哪天放声大笑，你一定要小小奖励她（研究表明，大笑时人体会分泌一种安慰剂流入大脑，使人感觉良好）。

改变个性的另一个方法很简单——等待，因为等到孩子开始进入校园，或者进入青春期，*她的人生新转折点就出现了，她的行为和举止将自动发生转变，到那时，你说得再多也于事无补。*孩子还是你的孩子，他还是他自己，但是他会用若干不同的方式表达自己。当孩子适应社会和自我约束能力发生巨大变化时，以前在家里小霸王似的 3 岁娃娃乖乖地去了幼儿园，原本郁郁寡欢的少女交到了人人羡慕的男友，我们只能相信，一切皆有可能。

我们生来具备某种社交技能。在成长中，我们学会更为丰富的人际交往能力。漫漫人生长路，这些父母赋予的和后天学来的交往能力将伴随我们终生。

孩子的人际纽带

各式各样的与他人的关系充斥着孩子的小世界。新生儿的时候，你是他的天空，你是他的整个世界。在蹒跚学步的岁数，他一步一踉跄地远离你，一会儿又转身奔回你的怀抱。长大了，越来越多的人出现在他的视野里，朋友来了，又走了。这一刻，他渴望独处，下一刻，他焦虑地期待别人的陪伴。进入青春期，孩子们似乎缩回了自己的小世界，在你和他之间建起了一道厚厚的心墙，仿佛再也不需要你似的，其实，他根本无法离开你的照顾和支持。孩子的身体语言有力地证实了他的成长变化。

孩子一出生，每分每秒，他都在建立与其他人紧紧联系的纽带，这些纽带决定了他能否生存在这个世界上。婴儿需要大人们的持续不断的关注，以保证他在成长中所需的生理和精神要求能够得到充分满足，他的身体需要保持温暖和干燥，肚子要吃得饱饱的，总之要保持浑身舒适。试想如果没有与他人紧密维系在一起的话，婴儿是无法存活或健康长大的；没人照看的婴儿，就像《人猿泰山》故事一样，成为“野生”动物。

而新生儿与他人建立纽带最可靠的方法就是使用身体语言。*小宝宝的基因早已决定了他们拥有娇嫩可爱的弱小无依的外表，成人不自觉地从心底涌起照顾他呵护他的父性和母性。*你抱着婴儿小小的身体，微笑地宠爱着他。宝宝的每次伸腿伸手或在床上爬行，都是为了离你更近，可以碰触到你，他转头望着你，冲你甜甜地微笑，一直用乌溜溜的眼睛望着你，当你看到这一切美好的画面，怎么会不用尽自己所有的爱去疼惜他，照顾他；宝宝把所有的信任和关注全部投射到你的身上，而你又怎能不把百倍的爱和关注还给他？我说的决不是抽象的理论，婴儿的身体语言触动着我们心里最柔软的部分，这种触动又使你大量分泌荷尔蒙，让你母性泛滥，心甘情愿地时刻伴随着宝宝，寸步不离。即使睡眠和劳累也无法把你从他身边带走，就这样，你细心地充满爱意地照看他长大。

宝宝的巨大魔力

一个宝宝的外表在基因里就被编写成所有人看到都无法抗拒的样子。而斯蒂芬·斯皮尔伯格把外星人“ET”的脸制作成具有类似元素的样子也不是一个巧合。下面就是这些重要元素：

- 和身体相比很大的头
- 圆圆的脸
- 小小的鼻子
- 大大的眼睛，浅色使任何瞳孔的放大都非常明显
- 突出的，球状的前额
- 圆圆的凸出的脸蛋
- 小小的身材
- 短小而肉肉的四肢
- 圆滚滚、肉嘟嘟的身体

在模仿中建立纽带

孩子获得了你全身心的关注，伴随着模仿你或他人，他将进入与你维系纽带的下一步。一个出生不久的婴儿，已经努力让自己面部表情跟爸爸妈妈看起来相似，几周后，他会越来越善于模仿你，

不仅仅是动作、姿势，还有呼吸节奏。你在欣喜之余，也会去模仿宝宝。模仿不仅是一种学习的手段，也能更好地巩固你和孩子之间的纽带。模仿中，你正向宝宝传递一种信息："妈妈在跟你学，妈妈喜欢宝宝，所以妈妈也跟着宝宝这样做。"正如电影《丛林王子》里说的那样："总有一日，我要变成你，用你的步伐走我的路，用你的语气说我的话，我要变成另一个你……"

所以，跟着你的直觉走吧，和你的好学的宝宝互相模仿彼此吧，不过你要先做个好榜样，然后再做个谦虚的学生，反反复复，进行下去。这种被人称作"行为追踪"的活动，是宝宝在妈妈肚子里时，你们就经常一起玩的游戏，这是你们之间最最美妙难言的沟通和默契。

一位问卷调查人告诉我："塔米几周大时，我摸摸他小小的手指头，他移开手指头时，我也学着他，用相同的节奏，往一个方向，找一样的时机，移开我的手指。刚开始，我跟随着他，不一会儿，他开心地反过来跟着我学。现在他 5 岁，我们还在玩这个老游戏。"

松开你们的纽带

*系在父母身上的纽带，对孩子来说固然重要，但是慢慢长大的孩子，会主动松开那条带子。*纽带真正开始松掉大约是在孩子学说话的年龄，有的孩子稍晚些，可能在上幼儿园后开始。4 岁的伊欧娜"忽然躲开爸爸妈妈想要抚摸她的手，也不肯跟他们吻别，睡觉时，再也不肯偎依在大人的怀里，她的目光看到我时总会绕开，如果我一定要与她目光对视，她会变得非常沮丧，甚至泪眼汪汪。"伊欧娜的家长这样说。

建立纽带的步骤

看到的、听到的和触摸到的会帮助你和你的宝宝在他成长的过程中建立纽带。下面就教你如何做。

	出生前	一出生	学会说话前	学会说话后
纽带的重要性	致命的；直到孩子出生，婴儿需要妈妈通过脐带供给营养。	婴儿可能在没有妈妈的照料下活下来，但也许会不能正常发育。	对于情感的发育非常重要。到7个月时，孩子会和最主要照顾他的人建立主要纽带。	重要性逐渐降低。到青春期时，家长必须放松和孩子的纽带以使孩子成熟。
通过触摸建立	通过连续几个月感受到胎动并记录，妈妈和孩子建立令人入迷的纽带。	出生后连续性触摸就减少了。抱着孩子并且哺乳会刺激触觉、味觉和嗅觉——激励了母亲和孩子。	手和脚对养育者的依附动作会遗留两个月。被抱着是维持纽带的重要触觉来源。	减少到只是出生时的一小部分，并且更加正式。
通过声音建立	在子宫中，孩子与妈妈的心跳和脉搏节奏是一致的，这加强了纽带联系。	养育者的话音成为纽带中主要的声音来源。婴儿的哭声被编入养育者的纽带中，而养育者也会用特殊的声音和婴儿说话。	哭声仍然是主要的纽带，但是婴儿的咿呀声可以是他和养育者在一定距离上进行沟通。	人类的语言成为主要的沟通纽带。
通过视觉建立		婴儿现在可以看到养育者了；他放大的瞳孔在说“我喜欢你”，建立一种本能的感情纽带。	眼神的交流增强了纽带。微笑开始出现于双方的交流中。	眼神交流和微笑会在童年一直持续，直到青春期可能会减少。因为孩子需要更加独立。

如果你的孩子有一天也像小伊欧娜似的，无须紧张，这是孩子成长过程中非常正常的一个阶段。孩子拥有了强壮的双腿可以奔跑，拥有了灵活的手指可以握住想要得到的东西，外面的世界天远地长，统统是他探索和征服的对象，所以他不再需要紧挨你的身边了，不再需要你为他遮挡一切。他也不像小时候那样常常使用身体语言了，因为他已经掌握了成人世界的通行语。你的臂弯不再是他的避风港。

平静地接受这一变化吧。告诉自己，这是件值得期待的好事。别再想跟从前一样，像棉花糖似的黏在一起，与孩子不断地拥抱和依偎彼此。但是，一定要时不时地跟孩子有肢体接触。这是在向孩子传递一种信号：我永远在你身边，但我决不会打扰你的生活。

其实，面对这种情况最好的处理方式，就是与他的行为保持一致。如果孩子年纪还小，你可以跟他玩“照镜子游戏”，就像他在镜子外面，你在镜子里。如果孩子大一点儿了，你们走在一起时，和他保持同样的步伐、速度和姿态。一块儿游泳，他跳舞时你也加入，把汽车收音机调到你俩都喜欢的音乐台，一路欢歌一路飞驰。带上孩子去游乐场骑旋转木马，在遇到惊险时一起牢牢抓住把手。你可以发挥想象，让孩子独立去做任何他感兴趣的事情，而且还可以允许你伴随左右。

黏住你不放的孩子

*大约在5岁到11岁之间，如果在孩子的身上发生了什么对他产生刺激的事的话，他会重新拴紧跟你之间的纽带。*跟刚才说的那些孩子不同，你的孩子可能完全走向另一个极端。他们不仅不会急着展翅飞离你为他筑的巢，相反，他很愿意安逸地待在温暖的巢里。

大约在 5 岁到 11 岁之间，你的短暂离开也会让孩子惊惶不安，如果是这样，那么仔细想想近期发生了什么对他产生刺激的事，例如，假期时你没有陪他，他失去了一位朋友，或者一个心爱的宠物死了，这都会给他留下糟糕的记忆，让他对世界充满了不安全感。

所以，孩子可能格外需要通过身体语言系紧与你之间的纽带：更频繁的视线交流，更多的身体模仿，更亲密的身体接触。时间仿佛倒流了似的，你的孩子回到了爱吮手指头的婴儿时代，妈妈的怀抱就是他的全部世界。7 岁的小男孩杰“最近似乎每分每秒都想黏在妈妈身边，就连妈妈洗澡时他都要站在卫生间外等着”。要知道，只有心里产生恐惧感的孩子，才会表现出此类黏人的身体语言。

如果你的孩子突然这样黏人的话，你打算怎么做？你先别急着在身体语言上表现出对他的不耐烦，这会儿不是你教他“长大了，该自己照顾自己”的好时机。相反，你要拿出更多时间陪伴他，满足他对肢体接触的愿望，用你充满爱意的身体语言告诉他，你会寸步不离地陪伴左右。

如果你有事必须走开一阵子，要记得给孩子留下一些与你相关的可以陪伴他的东西。如果他是一个视觉主导型孩子，留给他一幅你的照片；如果是听觉主导型，就给他录一段你的声音片段。一个事业型女性每次出差时都会把她常开的爱车的钥匙留给孩子保管，这样，“他就知道我不可能不回家了！”在孩子会说话前，多带他玩捉迷藏的游戏，通过这个经典老游戏让他知道，消失不见的人过一会儿又会出现在自己的面前。

青春期的告别

*孩子与你的下一次“纽带危机”将出现在他的青春期，进入青春期的孩子，将以各种颇具戏剧性的方式脱离你的管辖范围。*问题不在于他连眼神交流、一个微笑或无意识的碰触都吝于给你，而在于一年前，这孩子每天离开家前还必须亲吻和拥抱你呢。问题也不在于他是否愿意待在家里，因为他偶尔在家里，也会把自己牢牢锁在自己的房间里。

最严重的问题在于孩子出现青春期的特殊身体信号——愤世嫉俗的表情，佝偻的肩膀和厌倦平淡的语气，这些都代表着他长期处于愤怒或无聊的情绪之中，而且这通常仅仅出现在跟你在一起的时候。一旦他拿起电话跟某个朋友说起话，还没等你回过神来，他已经生龙活虎起来。

正如孩子在更小的时候，曾经想松开与你的纽带，而这一次，他是来真的，他已经为“独立”做好了准备。所以，你能做的就是给他一片独立的天空。如果你仍然把他束缚在身边，他的日子会过得悲惨无比，让你不得不选择放他自由。

跟青春期的孩子打交道，最好的办法永远是尽量满足他的合理要求，至少在身体语言层面上，你要表达出这个意思。孩子的身体语言表示他想建起一道防火墙的话，让他建好了，千万别幻想他小时候你们曾经拥有的那种纽带。除非，孩子很明显地产生不安全感，默默地在你身边徘徊，想确认即使他是个麻烦精，你仍然爱着他。你们“两个世界”之间的鸿沟不会一直在那里，除非你跟孩子之间产生了极其严重的问题。等过了青春期以后，孩子确知自己有足够的独立生存能力后，他会再次回归你为他建筑的温暖巢穴。曾经的目光交流、默契的微笑和热情洋溢的话音，都会回到你们的生活之中，你会看到一个完成身份转换，适应了成人身份的年轻人。

与人交往的能力

孩子生来就具备适应社会的能力。孩子来到世界的第一天，就连男孩子也会着迷于观察人，与其他五花八门呈现在他们身边的事物相比，他们的眼睛总是乐于追随着人的面孔，男孩尚且如此，而从遗传上说，女孩远比男孩乐意关注他人。通过宝宝的身体信号，你可以察觉出他对人持之以恒的着迷，宝宝对人的热情和依恋既会让你紧紧地守着他，给予他最好的照料，又会引来喜欢他的人与他做伴。一个问卷调查人说起她家两岁半的儿子，已经学会“盯着伙伴的眼睛，拍着小胖手，模仿人家的表情和动作了”。

*从出生起宝宝拥有社交能力的另一个关键技能——按次序轮流着来。*与他人按次序轮流做事已被编入人类的基因中，是互动交往的有效而简单的基本模式，也即：你做什么，我也做什么，你我双方平等而互敬。遵循着这一原则，宝宝做出一个动作后，他会满怀期待地等待另一个人的回应，然后再做动作，再等待，依次循环下去。孩子大一点儿之后，他会玩起“付出和回报”的游戏，拿一块糖果，一颗纽扣或一个玩具，在你跟他之间来回传递，这个简单的游戏会娱乐他好半天呢。这简直是他的最爱。你再想想，男孩子们（任何年龄段）为什么都爱跟爸爸玩投球游戏？道理都是相通的。

孩子社交能力的飞跃性发展，将出现在他学习对话的轮流原则过程中。在这一问题上，我得替所有的孩子们辩护，人们通常都指责孩子们在跟大人说话时，不按社交礼仪“轮流发言”，而总是一次又一次地打断大人说话。其实，在这类情况之下，真正打破“轮流发言”规则的恰恰不是可怜的孩子们，而是我们这些霸占了话语权的成年人；孩子们总想打断大人的话是因为他们根本无法得到占五成时间的平等对话机会，那种不平衡感油然而生。（下一回，孩子为了在你说话时赢得你的注意而插话，要是你再产生掐死他的冲动，你得好好仔细思考一番了。）

另外，从降临世上的第一天起，宝宝就懂得拒绝人，正如他生来知道如何吸引人一样。拒绝可能看起来不像一项社交能力，但是在成功而幸福的人生中，能清楚表明“我不想跟你有交集”，与表达“我想跟你成为最好的朋友”一样至关重要。如果孩子不喜欢跟谁待在一起，兴许是不会带孩子的姨妈，或者不会抱孩子的爸爸的同事，总之，孩子会立刻向这些人表达自己的不满。如果宝宝还小，他会大声地啼哭，使出吃奶的劲儿挣扎着想离开某人的怀抱。大一点儿的孩子呢，就会转过身去，不肯眼神对视，这可不是躲在妈妈背后，抓着妈妈衣服不肯露面的害羞，而是坚定地转过身去，不肯再看那个人一眼，这就是坚决拒绝的意思了。再长几岁以后，孩子可能就学会掩藏自己的好恶了，就算是面对不喜欢的人也会报以虚伪的笑容，仔细观察，你会发现这种笑容只是嘴角上翘，而眼睛周围的肌肉是不动的，这个表情看起来可以被人接受，它暗含的消极意味会达到预期的效果——让某些人离他远点儿。

社交技巧一学再学

除了所有本能的社交身体语言之外，你的孩子也将添加一些正规元素当作他的社交“保留节目”。可能是与个人卫生习惯有关，比如咳嗽时该用手捂住嘴巴，吃东西时最好闭着嘴等等。也可能与人的社会地位和性别有关，比如慢慢了解什么样的人说话时是决不可以打断的，或者坐在椅子上时不能把双腿叉开。

孩子也会遇到某些陷阱。首先，*尽管基本社交技巧是世界通行的，但是各文化背景下的孩子们学到的技能会有不小的差异。*在某些文化背景下，孩子们被告知如果离别人太近——近到不足半米或一米的话，别人会不愉快和不舒服，但是在另外一些国度里，人与人之间的距离越小表示大家的关系越亲密。我曾见过一个英国孩子和一个意大利孩子聊天，两人边聊天边在不知不觉之间围着房间移动，因为意大利孩子总想离伙伴近一点儿，而英国孩子却习惯性地不住后退！

学习社交规矩

儿童在成长的过程中好像可以自然而然地学会如何与他人建立紧密关系。如果你想加速这个过程，试试下面介绍的方法。

- 教给孩子与人交往的规矩：离你对话的人站得近一些，但不要太近；稍微向前倾；看着对方的眼睛，而不要左看右看；不要有很多小动作，显得焦躁不安；给对方赞许的反馈。

- 让孩子想想希望别人怎么对待他。问一些非常细节的问题，例如“你的朋友们怎么做会让你想和他们玩？”“什么事情会让你讨厌你的朋友？”帮助你的孩子认识并记住带来这些结果的身体语言。
- 让孩子注意到别人是怎么回应他的，例如“你的朋友喜欢你做这些事吗？”“你怎么知道的？”“你怎么能够让他感觉好点？”
- 你会发现在这个时候孩子们令人惊讶地知道正确答案：“我应该对她微笑的。”“我想我当时站得太近了。”

其次，社交身体语言在世代流传中悄悄改变着。当今社会的年轻人可比爷爷们的时代要肢体亲近得多，飞吻和男人们的拥抱在20世纪早期几乎闻所未闻，见所未见。所以，孩子们一方面从家长那儿学习社交技巧，另一方面则从同学好友那里学习，在人与人的实际交往中，自由选择最佳方式。

然而，最大的误区和陷阱在于有人认为正式地学习社交技巧无关紧要。在成年人的观念里，各种社交类身体语言是先天而来的，这就忽视了一个重要的事实，我们的孩子需要这方面的教育和学习。家长对社交技能教育方面的不同理解直接导致有些孩子在成长过程中学到了一些必备的身体语言，而有些孩子则完全缺乏，普遍情形是在花了很多时间，走了很多弯路后，孩子才学到他们本该被早早教会的东西。

社交能力

社交身体语言是如此的复杂，以至很多成年人都不能很好地掌握并付诸行动。你可以通过以下两个途径帮助你的孩子学习如何掌握社交身体语言：仔细讲解和亲身示范。特别注意，当他做对时，一定要给他说话的机会作为奖励。

- 当别人说话时，要通过下面的方式表现得有兴趣点：遵守所有的社交规矩，不时地以及在对方谈到关键点时点头。
- 等轮到自己说话时——应该这样开始——发出一声发语词，挥一下手，停顿一下并环视听众——然后开始谈话（或者发出这样的信号让别人开始谈话）。
- 在别人谈话时想插话：首先看对方的眼睛并等对方看到自己，半张嘴，进行可以被听见的吸气，同时稍微举手。
- 如果想表达“请停止，我不感兴趣”，可以看别的地方，加快点头的速度，动嘴唇做出要说话的样子。
- 当要结束一场会话时，可以在每句话间暂停更长的时间，越来越少的眼神交流，做一下突然的改变体态的动作，好像要走开的样子。

所以，主动点儿，尽早着手教导孩子正确的社交原则和礼仪吧，让他们尽早养成良好习惯。从天性出发，孩子们无意中就会把图书馆借来的书折页，所以你冲他大喊大叫也没用，你只能教给他这样做是不对的。在餐厅吃饭的身体礼仪对于没有去过餐厅的孩子来说，可不是那么容易通过观察就能学会的，所以你要提前在家跟他解释清楚，哪些事情需要特别注意。前面的内容已经解释了如何帮助您的孩子了解一般的社交准则。上面的内容则集中列举了谈话的准则。尤其对于上面的内容，在参考过程中我们应该考虑到各种文化之间的差异。

你是我的好朋友

你的孩子交朋友是怎样的情形？最初，他启动所有经典的信号以示友好，仿佛在说："我喜欢你，你很棒，待在这儿咱们聊聊。"第二步，他一遍又一遍地发送相似信号，使朋友愿意留在他身边。越是亲密无间的朋友，这种身体信号越急迫和强烈：2 岁的奥利维尔，"站在他特别喜欢的朋友跟前，大笑着蹦蹦跳跳"；马克，今年 14 岁，跟同学约好去市中心玩时，总是热情洋溢地拍着人家的后背，高谈阔论，以此来表示兴奋和亲密。

外部身体信号是内在感受的反射：胃里嘶嘶地响着，一阵阵急促而兴奋的呼吸声。几个关系要好的孩子在一起，远比他们与别人相处时要兴奋得多。他们欢声笑语，喜悦满满，心跳随之加快，呼吸频率一再改变，大家精力旺盛，活力四射。过了一阵儿，能量消耗得差不多了，他们的身体语言也慢慢平息下来。老朋友在一起感觉很放松，大家都非常熟悉彼此，不必特意做出什么示好的举动，所以大家的身体语言平和而低调。实际上，孩子跟密友在一起时，你几乎感受不到友谊的气息，因为他们早已不需要刻意营造热闹的场面和氛围。9 岁的西蒙和他的邻居常常"有时间就一块儿玩，他俩肩并肩坐在一处，眼神几乎不对视，但他们同时玩起什么时，总能默契地知道对方的一举一动。不用看，他们就能把玩具递到对方手里。他们总是沉醉在拌嘴的乐趣中，也从不费心和好”。

*身体语言不仅把两个孩子关系拉近，也在提醒孩子们（还有成年人），我们需要细心呵护我们与他人的关系。*因此，你的孩子跟最好的朋友会共同使用正式的身体信号，显示他们亲密无间的友谊（即所谓的“纽带标志”），比方说，买一样的玩具，读同一本书，一起做某个明星的粉丝，用同款手机等等。两人在一块儿时，他们会制造一个只属于两人的独立空间，如用玩具隔出一个区域，一块儿躲在桌子底下，牢牢地关上房门，或者躲到后院的小木屋里去。在与外界隔绝的空间里，他们不容外界侵入和打扰。他们明确地向他人透露着一个信号:“这是我们的世界，只有我们才属于这里。”

人际交往中的麻烦

友情世界的风景不会永远美丽而梦幻，一如绚烂缤纷的玫瑰园，孩子们美丽的友谊之花，也会长出仙人球似的伤人的刺。你的宝宝可能会遭遇友情危机，危机不断发展到巅峰，甚至“砰”的一声爆炸，他们会立即自行解决这些麻烦，而且不会跟你吐露一个字。2 岁半的艾玛，当朋友得罪她，让她伤心时，她会离这个朋友远远的。她的小身体紧绷着。要是她的确郁闷得厉害了，她还会咬人呢。友谊的甜美和热情逐渐消退后，当友情成为一种威胁时，这一突如其来的巨变，对涉世未深的单纯的孩子们来说，简直是晴天霹雳。而我们做父母的，唯一能做的，就是走上前给他一个爱的拥抱。

我要失去我的朋友了吗？

如果你的孩子觉得他的朋友将要离开，问问他下面的问题会帮助他弄清形势——不管他喜不喜欢那个答案。

- 我们是不是像以前一样经常在一起？我们是不是还和以前一样频繁地互发邮件或短信？我的朋友是不是还像我一样恳切地想要联系我？
- 我们是不是还相互热情发言？还是都是他在说话，或都是我在说话？
- 我们是不是还或多或少均等地注视对方的眼睛？头均等地向对方倾斜？一样多的点头表示同意？
- 我的朋友的声音是不是由原来的多变而充满激情变得平淡而单调了？
- 当我向我的朋友靠近时他是不是有意躲开？我们还像以前一样有身体接触吗？
- 当我们在一起时，我的朋友有没有表示“烦人”的手或脚的动作？
- 我的朋友是不是看起来经常处于被激怒的状态，经常发出生气的声音或发脾气？

过了三四岁，孩子们的友谊会持久许多，而有朝一日，友谊最终破灭，虽然这次会来得慢一些，但也会更令孩子感到困惑和不安。当两个人的友谊变质时，孩子可能毫无察觉，对于他们之间的矛盾，他的“朋友”可能只字不提。上面的内容列出了当朋友关系破裂时人表现出的身体信号，所以孩子就能提前有所察觉。(你也可以及早了解，并提早防范孩子的情绪波动。）

在此类情况下，找到那位关系正在变淡的朋友聊聊是最好的解决方式，但是绝大多数的人（不管是成人还是孩子）都缺乏这样做的勇气。我这里可以介绍一些有益的身体语言策略，如果你的孩子已经足够成熟到可以采取其中一项，那么他不妨放手一试。策略之一：通过更多的关注、微笑和拥抱，提高自己释放亲密信号的频率。如果那个朋友不是有意与自己断交，那么，孩子会挽回一段即将逝去的友情。策略之二：像对方一样，跟他尽量保持距离，减少肢体接触和眼神接触，热情尽可能地降低。让对方体会到，自己的友情是多么的珍贵和重要。

抵抗被人轻易说服

孩子说服别人去做他想要让其做的事情时，他们的技巧好到可以让最好的广告蒙羞。注意下面列举出的身体语言，它们帮助你在你的孩子尝试说服你时保持清醒（知道他在尝试说服你），也能帮助你的孩子抵抗被别人轻易说服。

一个能够成功说服别人的孩子：

- 向“目标”靠近。
- 一直注视着“目标”的眼睛以迫使对方接受他的意见。
- 当对方有点软化时就微微笑；当对方抵抗时就微微皱眉。
- 当答案是“不”时，看起来不接受：失落，向下看，转身离开，让声音低而慢；或者看起来威胁对方：站得非常近，用手指捅或者戳“目标”，用生气的声音重复自己的要求。
- 当答案是“是”时，用微笑和拥抱奖励“目标”。

一个可以抵抗被别人说服的孩子：

- 知道说服别人的大概技巧并且等着他们向自己施展。
- 能够很快注意到由说服者的害怕的颤抖或者生气发飙表示的“不正确”。
- 当听要求时向后退以保持距离。
- 保持一个平衡、放松的体态，直接面对对方。
- 当说“不”时，直视对方，保持眼神接触，不要笑，保持声音低而平静。
- 如果对方死缠烂打，走开，保持放松、自信的身体语言。

尽管你的孩子对对方施加了一番压力，但是这些策略可能会导致全部压力都转移到你的孩子一个人身上，也有可能会导致他们两人之间的纽带彻底被切断。如果事情的结局是这样的话，你得准备好纸巾，好好地安慰他了。

别无选择的孤独

还有一种可能性，你的孩子面对的问题不是失去一个可亲的朋友，而是从未有过甜美的友谊降临在他的生活中，他从来不曾拥有或保持一段友情，从没有人愿意与你的孩子相伴。

这可能是由于身体语言的恶性循环所导致。研究表明，*孩子被他人排斥的一个主要原因是他没有学会进入他人世界的身体语言。*一旦你的孩子被排斥，问题就来了，自然而然地他会变得忧伤，甚至怒气冲天，而这又成了他被排斥的另一个原因，不受欢迎的孩子由于内心充满悲伤和愤怒，他的身体语言也会随之发出消极的信号，阻止别人接近。

你能为孩子做点什么呢？首先，你得敦促孩子学习加入别人世界的技巧。正儿八经地教导 5 岁以下的孩子，会给他带来太大的压力；那么，你就试着制造尽可能多的机会，让孩子多多锻炼在不同情形下如何交到朋友，如果孩子做得好，你们就共同庆祝一下他小小的进步，如果孩子努力的方向是错的，那么拥抱他一下，让他打起精神继续努力。无论如何，对待孩子都要保持轻松愉快的态度，以免让他因过分紧张而停止尝试练习。

大一点儿的孩子都会在意自己是否受欢迎，甚至很善于交际的孩子偶尔也会碰到难题，因此，在这个问题上，孩子们需要更多的指导。鼓励孩子观察班级或一个聚会上来的新成员。想一想，这个新人是否表现得容易亲近？是什么因素起作用了？看看你的孩子能否得到某些启示？如果孩子被全班同学排斥，那么你需要跟班级老师谈谈，可能需要给孩子转班甚至转校。尽管把他人排斥出团队的事情通常都是由于团体友谊的组建和重组的需要。

当孩子首次加入一个集体，譬如转到一个新学校或者加入一个新社团，你得帮助孩子适当准备一下，告诉他在谁都不认识的情况下，应该怎样表现自己。你可以教给孩子，进入房间后，先环顾四周，自信地跟大家眼神对视，得体地微微一笑。如果有人回应他的眼光和微笑，那就更进一步地行动，开始跟人对话聊天，并专心与人聊天，不再东张西望。特别是跟一位新朋友聊天的头几分钟里，孩子必须用身体语言明确地表示出兴趣和热情，不然，对方会弃你而去。

何不享受独处空间

从人际交往的另一方面说，孩子又面临着渴望友谊的相反问题——他们需要独处的时间。在经历了一整天（如果是新生宝宝，可能是一分钟）费力与人相处后，孩子肯定早就极度渴望一些“停摆时间”或溜号时间。如果孩子没有获得类似机会，他的身体会发出某些抗议信号：紧张造成的头疼，视线模糊，胃不舒服或后背难受；除非孩子能真正闲下来恍惚放松一阵，否则这些信号不会停下来。

另外，孩子的身体也会释放外部信号：婴儿呜呜地低泣，发出不满的呻吟，吐吐口水，拱起身体远离你，最终迫使你把他单独留下；大一点儿的孩子就闭上双眼，耸一耸肩，好像在表示他已经闭目塞听，万事不关心了似的，说话也换了一个平淡乏味的声调，要么一副怅然若失的模样，要么散发着“都离我远点儿”的气息。

其实，*需要独处空间并不是可以简单说出口的要求。对于这样的心理需求，孩子可能感觉有些怪怪的，甚至有罪恶感。*这时，你得再三肯定地告诉他，你每天跟人打交道太多，也会想自己待会儿，这很正常。孩子了解了这一点，他会更愿意坦诚承认自己不舒服的感觉，跟别人叫“暂停”，自己待会儿也没什么大不了的。孩子自己去享受“清静时光”了，你也可以好好地松一口气了，孩子不仅减了压，他自我调整一番后，会跟你相处得更好！

孤独寂寞还是安闲自在?

一个自己待着时很高兴的孩子会表现出和一个孤独寂寞的孩子不同的身体语言。下面详解两者间的重要区别。

	想要自己待着的孩子	孤独寂寞的孩子
例子	露西，7岁，可以自己和一辆玩具卡车玩得很高兴，即使周围就有别的小朋友。	贾克琳，6岁半，刚入学。她在一些同学旁边玩积木。
体态	露西背向着别人，弯腰玩自己的卡车。	贾克琳不断看向同学们。
和别人一致	时不时自然而然就和她的朋友表现得一样，不过很少看他们。	永远不会自然而然地和别人一样；时不时有意识地模仿别人，并且经常观察她自己做得对不对。
动作	有较大的动作，和她的卡车有很好的交互动作。	不怎么动，经常停下来。
表情	注意力集中；眼睛周围有自然的皱纹，她微笑以及和自己说话的方式表明她和自己玩得很好。	严肃的；如果她和自己说话，经常恼怒地摇头。不喜欢自己一个人待着。
眼神交流	在看卡车时有眼神交流，只有很少的时候会看旁边的地方以回忆或想象什么东西。	盯着周围的空间或者别人。看着别处而不是自己玩的东西。她的注意力集中在她的同学身上，而不是她自己身上。

小小独行侠

一个孩子如果从偶尔需要“死机”时间，发展到下一步的话，一个小小独行侠可能就会出现在你的身边了。这孩子的性格可能很内向，当众人围绕着他时，他的神经系统立刻紧绷起来，惊慌得不得了。(大家还记得在前面提到过的小塔玛拉吗？) *也许，他独自一人总比跟别人在一起时，更容易保持头脑清醒*——许多富有创造力的天才都是独行者。也许，由于实际需要，孩子的生活里需要一段独行生涯，比如即将到来的考试，或者像青春期生理变化的几个月或几年里，他需要大量的“死机”时间，去处理发生在自己身上微妙的变化，细细体验这一过程。也许，他已经准备充足，可以放松跟家庭的纽带，更加独立。不再是偶尔地渴望独处，他的身体语言会一再传达着相同的意思:“我想自己待会儿。”他会为自己开辟一方绝对不受侵扰的领地，通常是自己的房间，在他的领地里，他或者总是门上上着锁，或者挂上“非请勿入”的大牌子。总之，他要保证自己决不受到外界打扰。在他的小世界里，他会选择一些孤独的活动打发时间，譬如阅读、徘徊，或者打单机游戏。

小独行侠多半让你担心不已，而你的担心并不是空穴来风。如果他的消极避世持续时间过长，并有逐渐严重的倾向，那么很可能是某些情绪问题所导致的，这时，你应该带孩子去咨询医生。但是，如果你的孩子整体状态不错，看起来心情愉悦，只是对其他人缺乏兴趣，那就随他去吧。在人生旅途上做个独行侠没什么不好。

无论孩子曾经“说”过什么样的身体语言，当他加入新团体时，所有的身体语言的习惯将被全盘推翻。

做个社交圈里的小宠儿

无论孩子曾经“说”过什么样的身体语言，*当他加入新团体时，所有的身体语言的习惯将被全盘推翻。*跟几个伙伴在一块儿时，你的孩子像是换了一个人似的，完全不同于独处或与一个伙伴相处的情况，他会有意无意地避免某些惯常的举止，而格外夸大另外一些行为，借用汤姆妈妈的话说，汤姆简直是“学校一个样，家里一个样，俱乐部里又一个样”。你喜欢也好，厌烦也罢，孩子跟你和家人在一块儿时，他的行为举止是一套，跟外人在一起时，可又是另外一副模样。

孩子在团体中的表现可以被称为扮演一个“角色”，因为在任何团体中，个人都是一个零件，以确保整体的顺利运行。所以，孩子也可能会给年轻的伙伴们扮演爸爸或妈妈的角色。在家里，父母的爱满满地包围着孩子，赞美之词环绕着他。而班里最小的学生也会被大家视为小孩子，做什么都把他排斥在外，大家要么认为年纪小的不够聪明，要么给予他更多的照顾。小家伙获得别人的关注和照顾，而其他的孩子则学会了保护他人和获得优越感。

当孩子扮演了一个角色后，他的身体语言就会发生改变。孩子的身体语言变了，周围人的身体语言也不免“换了一个腔调”。结果，孩子又拥有了一套完整的身体语言，不仅揭示了在他身上发生的新情况，同时也重新塑造了他。（一般来说，各类团体完全不在意各个成员所扮演的角色，你很难从孩子那里问清楚他的角色，你只能通过他的身体语言自己判断。）

孩子会扮演的角色

下面列举出了孩子会经常扮演的六种角色，以及和每种角色相关的你可能观察到的身体语言。记住整个儿童群体是相关联的：如果你的孩子改变了他的身体语言，周围的孩子也会改变他们的身体语言。下表中也指出了为什么孩子会扮演某个角色，以及什么时候或者什么事情会改变这个角色。

角色类型	发生了什么?	例子	身体语言	组内其他人的行为	这些为什么会发生?	这个角色会自然而然地发生变化吗?	如果不会，什么会改变它?
假小子	女孩保持男孩的身体语言以及兴趣，即使是在她的同龄女孩都已经表现为女性行为许久之后。	尼基，13 岁，是个体育迷。	穿着男性化；远离别人；动作直接而大胆；只有很少的其他同龄女孩儿具有的女性化的走路姿势或者其他保护性的姿势。	爸爸和兄弟会认为她是自己一伙儿的，给她很多赞许的眼神和微笑。妈妈有些恼怒，试图通过触摸、眼神交流和轻声说话使她女性化一点。	尼基在模仿她生活中她自己认为最重要的人—男性（父亲或兄弟）。	会随着生理逐渐成熟而改变，但是为什么要改变?男性化的身体语言往往使社交更高效，所以尼基会由此得到好处的。	可以鼓励尼基和喜欢运动但是又具有女性化身体语言的朋友一起玩。

（接上表）

开心果	孩子永远是个喜剧演员，讲笑话，为周围的人带来欢笑。	托马斯，13 岁，无论在学校还是在家都搞怪装傻。	多变的脸和体态；喜剧化的姿势和表情；“傻傻”的声音。	朋友总是被他逗笑，和他都很亲近。但是也有一些人在嘲笑他，让他不开心。	托马斯学会了通过让他人和他一起笑或者笑话他来控制别人对他的进攻性行为。	随着慢慢长大，自信不断增强会慢慢改变。或者进化为一种更高级的自信的表现——幽默。	当托马斯想表现得严肃点时，他可以尝试变换一下身体语言——使用更阴沉的表情和语气。
爸爸或妈妈	孩子总是照顾其他的孩子，无论生理上还是心理上。	迈克尔，13 岁，有两个比他小的同父异母（或同母异父）的妹妹。	他的体态、动作和语言都显得比他的年龄大。他很少有游戏时的身体语言。	他的妹妹们总是围绕着他，吸引着他的注意力。父母对他的眼神和语气都是和大人而不是孩子交流的样子。	迈克尔在别人感激的表现下长大。他的父母也很喜欢有一个人帮忙照顾家人。	除非某个人代替了他的照顾人的角色。	当迈克尔离开家并且不再有责任时，他有机会重新做回孩子了。

（接上表）

牛皮大王	孩子总是说自己是最好的。	莱斯利，8岁，总是大声宣布自己做好了什么事情。	趾高气扬；如果和别人分享一张桌子，总是占比自己那份大的空间；寻衅吵架；爱出风头。	她的一些朋友对她印象不错而且关注她；另一些则觉得很尴尬，尽量不看她，嘴角流露出嘲讽的微笑。	莱斯利认为吹牛是获得地位的一种方法；别人很尊敬她。	调查显示很多习惯吹牛的人在真正取得一些成就后就会停止吹牛。	当他们长大后，同龄人的压力会使她改变。她还需要学习什么样的身体语言表明别人真的对你有兴趣。
“婴儿”	孩子总是被周围的人照顾或溺爱。	尼尔，10岁，很小。	典型的“婴儿”，表现得很幼小，身材也小，体弱，或者使用婴儿的身体语言。	家人和朋友都照顾和保护他；对他总是搂抱和微笑。他们也总不让他做事，在谈话中也总是忽略他。	尼尔喜欢被照顾；他的家人和朋友喜欢能够提供保护的感觉。	随着尼尔年龄的增长和体型变大会改变，或者当他长大后不再表现出婴儿的身体语言，或者他的自信加强后也会改变。	他可以站得更直更高，让自己的语言深沉一些，说话慢一点，减少对别人微笑，减少触摸别人，在做事情上更积极。

（接上表）

替罪羊	无论发生什么都是孩子的错。	艾玛，7岁，总是发生意外，做错事或者吸引来不友好的人的关注。	笨拙、紧张而犹豫不决。她的肩膀耸起，她的脸总是显得很焦虑，她的语气柔弱而不坚定。	家人和朋友总是责备艾玛，侵犯她的个人空间，弄坏她的东西，在她面前大声而尖锐地谈论她，皱眉并且看起来很生气的样子。	艾玛只有在她犯错误的时候才会引起别人的注意。别人喜欢有这么一个替罪羊。	随着年龄的增长，如果自信增强，并且建立了内在的安全感和信念后会改变。	如果身体语言改变为挺胸抬头，肩膀放松，表情轻松，声音清楚干脆，别人会改变他们的行为。

为什么对于家长来说，弄清孩子在他的小圈子里扮演的角色很重要呢？我想，主要有两个原因：一来，可以发现孩子对自己目前的角色是否满意；二来，还可以知道扮演的角色是否有益于孩子的身心成长。在孩子们组织的小家庭里，当“爸爸”的孩子可能以后会擅长承担责任，但是，扮演这类角色也会剥夺他单纯的童趣。同样的道理，扮演“孩子”角色的也许会因此获得更多关爱，但是这也会减少锻炼他成熟有担当的机会。

小圈子里的角色转换

如果你的孩子不喜欢自己在小圈子里扮演的角色怎么办？能不

能辞演一个他不喜欢的角色，而转换为另一个更有利于他成长和发展的角色？其实，这种改变既不会有意识地发生，也不会总是那么容易解决。如果孩子（包括成年人）敢于公开挑战一个组织的权威，他势必会遭到拒绝，甚至被排挤在小圈子之外。有时候，小团体的成员们认识不到自身的问题，也有一种可能，就是维持现状会使大多数人受益。在小“家庭”里，有个当“爸爸”的照顾大家，其他人何乐而不为呢？有个年龄小的“宝贝”供大家宠爱，也会让人感觉良好。

角色转换最好在自然过渡中完成。孩子们离开一个小团体，也就意味着他的角色将发生转换：当“爸爸”的孩子高中毕业，即将上大学了，自然而然地他就无法再照顾“孩子们”了。或者，孩子们的成长使他们不再适合扮演原来的角色：“宝贝”长成了青春期少年，他的行为举止自然会变得成熟。也许，有新成员加入团体后，所有人的角色都会发生改变：小“家庭”里添了一个新“宝贝”或一位新“爸爸”，一个以往滑稽搞笑，不负责的角色可能忽然变得认真负责起来，他不再需要开没自尊的玩笑来让自己感觉受欢迎。如果你始终没有看到孩子在团体中的角色有所改变，这时，你可以想办法帮帮他了。帮助他更换身体语言，他会留给其他人不同的印象，而其他孩子也会改变对他的观感，从而改变相处模式。

我来帮你换个角色

要实现角色转换，首先，孩子必须确信，他可以完成这项任务。*他目前所扮演的角色不是终身制的。*他不是一年到头地扮演“宝贝”、“妈妈”或者“滑稽小丑”，离开特定的家庭、朋友圈或者学校同学，他的戏份儿就完成了。所以，*如果孩子意愿强烈的话，他完全可以不再扮演惹人怜爱的“宝贝”，而换一种自己喜欢的表演方式。*

其次，孩子要知道，有多条道路可供选择，他可以采取实际行动，做想做的事。

因此，你可以帮助扮演“宝贝”的孩子意识到，自己在其他场合下，早已表现得更加成熟，站得笔直，声音洪亮，跟伙伴自如地打打闹闹。尽可能地鼓励他模仿其他举止成熟的孩子的行为。如果模仿对象的身体语言过于夸张，你也不必担心，孩子把它们消化成自己的行为时，看上去会低调自然得多。随后，像往常一样，带着孩子在家里勤加练习体态、动作、手势、表情、语调等等，直到他能娴熟自如地运用，然后可以让他在小集体中尝试使用全新的身体语言。

整个过程可能比你预期的要漫长一些。简单的使用身体语言的策略，如“保持微笑”对孩子来说不难记住并实践，但是扮演一个新角色，使用一连串新的身体语言，难度就大大增加了。另外，要记得提醒孩子持续地进入新角色，直到他的小团体意识到他已今非昔比，并以全新的态度与你的孩子相处。

家庭里的角色扮演

最后，需要给大家一个提示，但是请不要认为这是针对你个人的。很多时候，对孩子成长无益的角色，往往是他在家里扮演的那个：像家长似的照顾他人的孩子，扮演了小“妈妈”；不管兄弟姐妹，还是父母犯错了，都会把责任推到那个孩子身上，而他就成了名副其实的“替罪羊”。因此，如果你疑心孩子在家里的角色对他的成长有不好的作用，那么你要尽快采取措施。改变某种生活习惯颇为不易。你需要从根本上解决这一问题，也许孩子现在扮演的角色正是你心里期待的，你根本不愿意他发生改变，即便如此，为了孩子的健康，你必须做出改变。

解决的办法不是让你的孩子使用不同的身体语言，而是改变你自己。*与孩子朝夕相处的你调整了与他相处的行为模式，自然而然地，他会随你而变。*别再把小“妈妈”似的孩子当成大人对待了，她只有 7 岁，理应天真无邪地得到家人的照料。别老是批评和指责可怜的小“替罪羊”了，用更多的爱与积极的关切来填充他的家庭生活吧！

生活在同一屋檐下的家庭成员都要了解你的“改革”（否则，孩子会被不同人的不同态度弄糊涂），“改革”需要决心和坚持，直到切实取得了预期的效果，你才能松一口气。当然，“改革”也存在失败的可能，如果孩子没有成功转换为一个有利于他健康成长的新角色，可能是由于身在其中的你，无法客观有效地帮助他改变。这样的话，就尽快带着孩子和家人去看看咨询师吧，让专业人士帮助你们彻底“维新改革”吧。

社交圈的等级制度

*在人类社会或自然界的任何一个群体中，总有成员享有优先权，而其他成员则需等着轮到自己。*这被幽默地称为“啄食顺序”（最初的研究对象是鸡，就以其行为特征命名），即“社群等级”。*这种社会交往的准则，从你的宝宝刚学步起，就开始对他的生活产生影响。*即便在托儿所里，孩子们已经有了不同的“等级”。而且，在

不同的群体里，等级也会发生变化，在小学优等班里享有高级“等级”的孩子，如果上到初中，而且被分到普通班后，他也可能沦为“低等”生。

“社群等级”是全体成员心照不宣的一种制度。你的孩子可以敏锐地察觉到自己在集体中的等级，但是一般来说，这种等级划分是潜意识的，出自人们的社交本能。因此，不会有人跟孩子探讨他的等级问题，至于家长，就更不可能听到这个话题。除非孩子的等级实在太低，导致他在班里被欺负或遭歧视，那么学校老师会找你谈谈这个问题。另外，“社群等级”也是一种用身体语言，而不是用语言来明确表达的社交准则。

那么，这种身体信号是怎样的呢？在一个集体中，享有高等级的孩子走路时常常挺胸抬头，下巴微扬，脊背挺得笔直。或坐或站，他都会占有不小的空间，想走就走，想动就动，想与人有肢体接触时，甚至可以不经对方许可。这样的孩子有着高人一等的表情：始终高昂着头，久久地注视着前方未知处，板着小脸不爱笑，看别的孩子时，眼睛总是向下掠过自己的鼻尖，再看对方。集体活动中，他可以事事占先——率先发言，别人发言时也时常插话，选座位和玩具时，总是享有优先权。

孩子的社群等级越低，他所表现出的类似身体信号就会越少。相反，这样的孩子仅仅占有很小的空间，走路时佝偻着身体，时常状态低落，抱紧自己以求温暖，尽量回避在大庭广众之下说话。这样的孩子则有一副低人一等的表情：特别是那些等级高的孩子反驳或打断他的话时，总爱移开眼睛，垂下头，沉默不语。总是别人说完话、玩过玩具或者提过建议后，才轮到他表达自己。

等级的变化

社交圈的等级不是终身制的。争抢位置的事时常有，甚至每天都在发生。不到一岁的宝宝也会“侵占”别人的空间，或者抢人家的玩具来玩。然后，一场“战争”打响。胜利者带着趾高气扬的表情向对方示威，而失败者则只有垂头丧气。十来岁的孩子可以在谈话中进行“战斗”，一个孩子可以打断或反驳另一个正在表达观点的伙伴；被挑战的一方一边用目光压倒他，一边昂着头拒绝他的插话，或者直接忽视挑战者的话，继续自己的演说。战争的胜者尖刻地回应败者，惩罚性地用胳膊肘推搡对方，让大家知道谁才是最终的胜者。

在学校里，每节课都会产生新的等级秩序。孩子在不同的学科小组里会产生不同的等级秩序，所以你的孩子既在数学组又在英语组的话，他可能在一个组里享有较高等级，而另一个组里则较低。孩子在年级和学校里占有的位置也不同，这取决于他是否擅长学校组织的任何活动，他的成绩的高低和体育比赛表现的优劣。如果他的所有表现都处在“第一梯队”，那么他将进入学校圈的“上流社会”。

*进入青春期后，事情将会全盘升级。社交等级的重要性逐日增加。*无论是抢夺关注度，友谊还是恋人，孩子们之间的“战争”日益激烈；你也将不时地目睹一场场扩大化的等级竞赛。男孩子爱好逞凶斗勇，而女孩子则常常背后搞阴谋。战争会向更广阔的战场蔓延，孩子们开始比穿戴，比发型，比谁先拥有最新型号的手机，比谁的Facebook上的好友多。

领导者还是跟随者？

每个人群都有其社会等级，但是只有某些特殊人群，例如学校的班级或者运动队，有一个清晰的领导者。下表概括了某学校一群 13 岁男孩表现出来的身体语言信号。用这些知识帮助你的孩子辨认他所在的群组中的领导者。

领导者	跟随者
时髦的穿着，经常是引领潮流的昂贵服饰	穿和领导者类似的服饰，但是不会更贵或者更时髦
外向，总是第一个发言的人	在发言之前总是看看领导者是不是要发言
当他说话时别人都保持安静，没人敢质问他	比领导者安静很多；在领导者说话时全神贯注，眼睛一直看着领导者
可以通过一个眼神，一个词或者一个触摸来控制跟随者	通过微笑和点头对领导者表示同意、赞许
控制集体活动的节奏，包括游戏，做作业，如何回应老师以及其他同学	跟随领导者的行为，包括如何游戏，做作业，对其他人的回应等
通过下面的行为控制这个人群的社会等级：让他喜欢的人更接近他自己，远离自己不喜欢的人	通过各种手段靠近领导者，无论上课还是在课间
给他喜欢的人好处，如更多的关注，特殊的任务	当被领导者给好处后，表现出感激的表情，并且在群组中其他人前炫耀，表现得很骄傲

等级危机

那些在集体中高等级的孩子们通常都自我感觉良好，而那些等级低的孩子则常常有自信危机。毋庸置疑，没有人希望自己的孩子低人一等。不幸的是，孩子不可能在所有的小集体里都是领头羊。别担心，尽管如此，他只需在某几个集体中拥有较高的级别，就足够他保持自信了。

另外，学校和各个兴趣小组通常把领头羊的荣誉授予资历最老的孩子，所以资历和耐心十分重要。一年级时的小跟班，上到六年级可能变成领袖；菜鸟跆拳道选手，慢慢也会修炼成黑带高人。孩子们都会慢慢长大，这意味着他们将不再为过往的琐事争得头破血流了，等他们进入成人世界后，等级秩序将表现得不那么矛盾尖锐。好的一面是，你的孩子将在一些新集体中安顿下来，没有所谓的阶层之分，每个人根据自己的才能，各司其职。

也就是说，你的孩子在各个集体里都处于底层，如果你担忧这种令人厌恶的情形会导致孩子的自尊心严重受损，从而影响他的未来前途，那么，你有几种方法不妨一试。首先鼓励孩子参加多种多样的活动，根据孩子的才华，为他找到适合他发光和展示的舞台——报名参加乐队，加入网球队，女孩子还可以当个网球运动员，许多社团都会热诚地期待孩子的加入。然后，在家里教孩子一些“社群高等级身体语言”的技巧,特别是让他记住“争先不落后”的原则——在对话讨论中，在提建议的过程中，在发表个人见解的时候，都要有意识地抢先发言。是啊，这种要求对孩子们来说，可能会害羞和别扭，这时，你得时时支持他拿出百分百的自信来。

孩子们的小圈子

新生宝宝可不担心什么社交圈子，你就是他的小宇宙。学步的孩子开始思考了，他把自己放在世界的中心，而不管有多少人出现，统统围绕着他旋转。时间飞逝，在尝试了一些社交联系后，*有同龄伙伴相伴会让你的孩子感到愉悦，并在与人协同合作中寻觅到乐趣。*

这种协同合作的主要身体语言动力表现为成员们的和谐共处。这在年纪略小的孩子身上体现得还不明显，但是孩子年纪越大，他们考虑“团体”越多，考虑“自己”越少，越是在意“校园”，越是忽视“家庭”，越是把“集体”放在“死党”之上，于是，你越会看到一个和谐融洽的小团体。

最初，成人会带领孩子们互相模仿，集体协作。在幼儿园里，老师常常组织孩子们合唱歌曲，这不仅是为了让孩子学会歌唱，更是为了让孩子们学会集体协作。学校的校服可不光为了让大家看起来整洁得体，而是让所有学生体会到“整齐划一”的集体感。

很快地，孩子们就会了解这些。与好友行动一致，拉近了两人的距离，也是向人昭示他们的亲密无间；而与小圈子里的朋友保持一致，则会带来更大的乐趣和更多的友谊。所以，姑娘们喜欢在一家店里血拼，小伙子们喜欢追捧同一支球队；孩子之间的联系纽带更加紧密。

进入青春期，孩子们穿着固定品牌的运动鞋，炫耀着一样的商标，甚至异口同声地欢笑，或一致地嘲讽某个对象。“我要做我自己”，是青春期孩子们口头禅式的宣言。但是，这一句宣言只是表明了他们热切的心声，一方面，“自己”到底是什么模样，他们还一头雾水，另一方面，他们只是想借此表达摆脱你的决心。因此，很多时候，*青春期少男少女们仅能通过模仿同伴的行为来获取安全感和自信。*

如果团队任务带有与对手竞赛的性质，那么团队配合不仅需要统一的队服（或制服），还得有一个根据地，比如说街角的空地，或者高年级学生活动中心；齐唱队歌，高呼口号，胜利后，成员拥抱庆贺。读过《哈利·波特》故事的人，不妨想想霍格沃茨学校划分学院的制度，制服的颜色和独立的活动室，自然而然地把格兰芬多（或斯莱特林）学院的学生们紧密地团结在一起。

团队中的生存法则

在团队中生存，也存在着危险。团队里的人越多，意味着一个普通孩子越难有机会展示自我，越难以在团队里获取发言权，也就越难以引人注意。而一旦获得众人的注意，孩子很容易被震慑住！想想看，那么多双注视的眼睛，那么多品头论足的声音，那么多反对的身体语言……其结果可能使被瞩目的孩子变得结结巴巴，低着头，目光游移，最终因畏缩而退回。问题是，所有这些身体语言都是“失败者”的表征，因此，经过这次失败的尝试，在其他成员和自己的眼中，这个孩子在团队中的等级，可能瞬间跌至谷底。

就连社交能力很强的孩子有时也难以与其他集体成员良好地互动，特别是新加入一个集体，或身处一个人数众多的集体里，如果孩子跟你抱怨的话，你只能告诉她——多多磨合，勤加练习。孩子年纪尚小，你就尽可能多带她参加大规模的集体活动，比如送孩子去幼儿园，参加游泳队，加入象棋俱乐部，多陪陪她，她做得不好或不适应环境，你就及时指点她。一切顺利的话，要拥抱她，告诉她这样有多棒！

勇敢说出你的心声

即使是成年人也会觉得面对许多人进行演讲非常紧张——所以想想你的孩子会感觉如何。下面介绍的策略会多多少少帮助你的孩子在演讲时减少紧张程度，即使它们是为了较成熟的能够掌握身体语言的大孩子设计的。所有的策略都是和群组对话或讨论有关的；最后三点对于要在大庭广众下演讲的孩子尤其有用。

1. 在开始要说话之前，通过眼神交流和群组中的大部分成员达成身体语言上的沟通。

2. 记住在群组中说话时，你说话需要稍微夸张一点。更大幅度的手势，更大的声音，做更多的尝试让大家听到你的话语。

3. 有人抢话或插话时不要害怕。这在群组会话中很正常——并不是针对你的。继续说，或者先停下等别人说完再继续说。

4. 当讲话时，要包括群组中的每一个人。不时转动你的头或身体使你面对群组中的每个人；经常和群组中的每个人达成眼神交流；对每个人微笑；使用“包容性”的手势，从你自己的身体打开，然后像要拥抱群组中的每个人。

5. 在讲话时要吸引每个人的注意。保持镇定；语速比平时慢一点；变化面部表情、音调和音量；记住使用手势进行强调。

6. 如果突然结巴或者口干，放松。你能犯的最大的错误就是表现得很慌张；所以如果你害怕，先暂停下来，深吸一口气，对大家微笑，然后继续。

年级大些的孩子在融入一个新集体前，大概会经历一段犹豫动摇期，这多半与她过往不愉快的经历有关，她需要先观察这个新集体的运行情况、成员特点，然后再加入进来。那么，在孩子正式“参赛”前，家长可以带领孩子在“赛场边线外观看别人的比赛”，比如，参加游泳班的“公开课”和空手道俱乐部的对外宣传日活动。当孩子掌握了情况，准备好加入了，再慢慢提高挑战度，最终，你的孩子将锻炼出优秀的组织力和影响力，在大庭广众之下可以得体而自信地发表演说——在班里发表自己的见解，说服她的组员们，在家庭聚会上致祝酒词。在前面的内容中，我提供了一些有用的策略供大家参考。

在人群中

在人群中生活，是人类最刺激的感官体验之一。那些数不清的面孔，发出吵吵嚷嚷的噪音，人与人摩肩接踵，你简直没有丝毫个人空间。两岁的小安妮被父母带去观看盛大的狂欢节游行，这次奇妙的经历对小姑娘而言，她简直像进入了一个仙境般光怪陆离的感官世界。

无数的孩子聚集在一起，兴奋得快冲昏了头脑——至少在游行开始时是这个情形——大家全神贯注，目不转睛地盯着，侧耳倾听着这场新奇有趣的视听盛宴，兴奋使得他们心脏怦怦地越跳越快，身体激素分泌得越来越多。在这时，我们的小安妮，与其他孩子一样，是个快乐的小家伙。缤纷绮丽的色彩，古怪滑稽的声音，独特神秘的气味，无不让她沉迷。更让她狂喜不已的是，她感到彻底的无拘无束，她尖叫，跳跃，随着性子地折腾，周围不管发生什么，她完全置之不理。安妮变成了一只自由翱翔的小云雀。

时间一长，潮水般涌入大脑的诸多讯息就开始让孩子难以负荷了，越是年纪小的孩子，就越不堪忍受。实在太多的东西包围着他们，让人眼花缭乱，孩子渐渐感到自己的世界被人侵犯，纷至沓来的外界刺激使他们大受威胁。兴奋过度的小安妮也惧怕了

群体效应

人群会放大个人的情绪，而且情绪越强，其非语言的效果越强。下面列出了一些群体效应以及其对孩子个体的影响。

	群体效应	对于孩子个体的影响
人群以什么样的速度移动？	静止的—— 看板球赛的人群 快速的—— 促销开始时涌动的人群	人群移动的速度越快，越会使孩子的神经感受到刺激和兴奋，或者是恼怒和痛苦。
什么节奏？	慢的——葬礼队伍 快的——音乐会的人群	沉重、缓慢的节奏会使人平静、放松或者压抑；快速的节奏会使人兴奋或者过度激动。
什么方向？	随机的 ——广场上的人群 集中的 ——学校放学的人群	在方向上随机移动会带来较少的幽闭恐惧感，也就较少使人痛苦。如果人群移动得很快，会产生更多的刺激。
人群是否有等级制度？	一个领导者 ——学校的班级 多领导者 ——抗议游行的人群	有一个领导者的群体会更容易使其中的个体保持一致，使其中的每个个人获得周围人的肯定。但是这个群体可能有自己的想法。这时对于个体来说就很难挣脱群体的控制并获得自由。
人群的流动性如何？	被阻止的 ——拥挤的火车上 流动的 ——马拉松的参赛者	被阻挡的人群会减少距离并增加互相碰触的机会，这既会使个体互相肯定也会使其恼怒。成人知道一个移动中的人群被阻挡的危险，而且可能会将其传染给儿童。
人群中的人与人的关系	无组织合作 ——机场人群 有组织合作 ——排成一行的舞者	群体中个体的关系越紧密，感觉到的群体形式越强，儿童的神经系统会反应得越强烈。
人群的整体情绪是什么样的？	愉快的 ——胜利一方的支持者 愤怒的 ——失败一方的支持者	情绪的强度在这里是个问题：庆祝的人群可能像失望的人群一样危险。

起来。大一点的孩子会赶紧从人群中跑开，躲躲清静。但是一两岁的孩子，像我们的安妮宝贝，被大人紧紧拉在身边不能随意躲开，别无选择，她只好心烦意乱地哇哇大哭起来，用身体语言表示“我要离开这儿，我讨厌这儿”。大人们还无动于衷的话，安妮就会哭闹得更厉害了。

应对拥挤的人群

当你带着孩子挤在人群中，要记得提醒自己，孩子过一会儿就忍不下去了。原本你打算带孩子看 3 个小时的游行，如果现场过于嘈杂拥挤，孩子年纪又太小，1 个半小时左右他就开始吵着要走，你可以调整计划，及时带他回家。

你如果非常想留下看热闹——这是往好的方面说，往坏的方面说，一旦人群拥挤困住了你们，那么你跟孩子只能留在观看游行的人群中，这时，你一定要放轻松。你越镇定轻松，孩子的压迫感和烦躁感就越少。接下来，你要主动帮助孩子回避外界过于强烈的刺激，让他转身背对着人群，用你的身体把他与最喧闹的东西隔开，如果孩子没意见的话，你干脆用手捂住他的耳朵。看好孩子，别让困扰他的焦虑感继续加重，对于一两岁的孩子，可以用儿童带把你们拴在一起，大一点儿的孩子，你跟他提前约好走散后的集合地点，这样一来，保证了孩子们的安全，也安了你的心。

在群体中怎么做才好？

下面列出一些对大孩子发现自己被群体情绪感染时会有用的身体语言策略，比如在一场足球比赛中或者在一个俱乐部里。

当下面的情况一起发生时要小心谨慎：

- 人群都挤在一起，你完全没法动弹。每个人都在大声说话，以至你根本听不见自己的声音。
- 你不知道自己在想什么。
- 人群越走越远而且你在跟着一起走。
- 声音越来越深沉而且吵闹。
- 你感觉不舒服。
- 你发现自己在做一些平常不会做的事情，说一些平常不会说的话。

这时候怎么办?

- 闭上眼睛，捂住耳朵。
- 不要继续随着人群移动，停在原地。
- 开始哼一个调子，这个调子和人群弄出的声音不一样。
- 和你自己的一个好友接触，看着对方并给予微笑。
- 走出足够远的距离使你可以看到整个人群。
- 如果你不能做上面的事情，而且周围没有成年人照顾你，马上离开。

能转移到人少的地方时，就尽快离开吧。你的孩子可能肾上腺素指标过高，带着他跑跑步，运动运动，减减压，如果适得其反的话，让他静坐一会儿，用低缓柔和的声音与他说话。过一会儿，保证他补充了足够的平息和安静的时间，容许他做出一系列“死机”和恍惚的行为，如阅读、发呆、做白日梦，在未来几天里，他还会比平时多睡上几个小时。

如果孩子到了一定年龄，可以独自出门活动了，那么这种大型集会的危险不仅来自过量的感官压力威胁，激动若狂的观众情绪更令人担忧。群情激奋的场面很容易使原本情绪平和的孩子（也包括成年人）被点燃，做出一些平日里决不会做的事情，不然的话，最起码他们也会因群情激奋的场面而惊恐。查看上面的内容里列举的危险信号和处理方案。

如果父母可以“听”到孩子身体发出的求救信号，那么家长们可以及时向他伸出援手。

聆听孩子的呼救信号

每一种身体语言信号都是对某种对应行为的呼唤。嚷叫的孩子想获取他人注目，背对着人则意味着他想独处了，等待被拥抱而张开的双臂告诉你，他需要支持和鼓励。某些身体信号需要格外关注和紧急应对。在这一章里，我们将探讨一些常见的麻烦情况，解释每种“呼救信号”的含义，并提供最有效的解决方案。

一旦孩子缺乏自信

人们常说的自信，其实就是一系列由内到外的身体信号，表示孩子对他做的事情有十足的把握。内在信号（例如，镇静平和的情绪）和外在信号（例如，轻松的行为）告诉他，他早已准备就绪。缺乏自信的表现则恰好相反，一些内在信号（如心跳加速）和外在信号（如又急又快的手势）暗示孩子，他不能处理这些任务，而旁观的你也忍不住为他担心。

其实，自信满满和“准备好了”的身体信号有许多交叉重复之处，面对同一件事，孩子可能看起来既警觉又专注。同样地，缺乏自信和心理焦虑的身体信号也有诸多相似：你的孩子可能经历紧张、犹豫和迟钝几种情绪的大杂烩。不自信的孩子，如果还想有所掩藏的话，常会表现出一系列有趣的混合式身体语言，外加少许“掩饰”性。

当你察觉到孩子的种种身体信号，你该怎么做？说实话，只需以你的常识来处理即可。孩子有正常的自信，并没惹什么麻烦，那就让他好好地呆着吧。但是，一旦他计划做些冒险的活动，无论他表现得再自信满满，你也要时刻盯着他。如果你发现孩子的身体语言泄露出内心的自卑，那么，看上去泰然自若也好，拼命掩饰也好，你都要知道，他需要你的支持和帮助。

有些家长常常存有误解，他们认为只要自己表示百分百支持，就可以给孩子信心，他们或者盲目地给孩子打气：“你肯定没问题！”或者夸张地鼓动孩子：“天啊，你试一试能怎么了！”但是，自卑的孩子要的可不是这样的“鼓励”，他的内心正不停地尖叫——我没有准备好！我还没准备好！这时，如果你冲他喊着相反的一句话，他会更加迷茫。另一方面，如果你变得神经质，保护欲上升的话，会给孩子传递一个信息——你不信任他有能力完成任务，这样一来，他将更加焦虑，甚至打算放弃了。

请你记住，缺乏自信的身体信号，不是向你呼唤情感援助，而是向你要求实际支援。所以，你的主要工作，是准确地发现孩子所需的东西，并帮他搞定。更多的信息、技巧、训练，还是说无须借鉴他人经验，尽管放手一试？我看，倒不如及时地伸出援手，记住，让自己的身体语言和说话声音保持平和与自信，问问他目前还需要什么，然后一起讨论怎样才能做好相应准备。

确定还是不确定？

下面这些标志帮助你认出你的孩子是自信还是不自信，使你可以给他们提供适当的帮助。

	自信的孩子	不自信的孩子	不自信但是装作自信的孩子
例子	斯蒂芬妮，13 岁，要在花园中爬一棵熟悉的树	亚历克斯，10 岁，第一次自己煮茶	路易莎，11 岁，在音乐考试前，想要让自己看起来很“酷”
体态	保证身体笔直，头向上看，准备好做动作；肩膀放松——肌肉不紧张	僵硬的，努力控制着自己害怕的感觉；肩膀耸起，脊柱绷紧	普通，但是没人看见她时就表现得很紧张；脚不断地打着拍子，体现了她的紧张情绪
动作	直接冲向那棵树，动作轻松而迅速	有些不协调和不稳当；做前先试一试；犹豫不决	过度放松；故意没精打采地站着来表示自己不紧张
表情	轻轻微笑，自然而然又坚定不移	轻轻皱眉；咬嘴唇；捂住嘴好像要防止自己承认很紧张	故意没有表情；但是时不时鼻子会抽一下
眼神	眼睛盯着树，看到她需要看的东西	到处看但是不知道看什么，或者向下看，在自己负面的情绪里迷失了	眼神很正常，但是有时会迷茫——这时她想起了自己面临的难题
话音	说出的话清楚、有力，有笑声	轻轻傻笑，不说话	说话，但是很轻而且比平时少很多
其他的身体信号	身体做好了运动的准备；呼吸均匀平稳；心跳速度因为运动而加快，但不是因为紧张；皮肤颜色很好	身体对于面对的难题反应过度；呼吸快而浅；心跳加速；肤色变得苍白	身体对于难题有反应，但是被隐藏起来；时不时突然急促地呼吸一下，这是因为感受到了紧张的情绪；肤色变得苍白
孩子对其他人的反应	不在乎是不是有人在看她	左顾右盼看看妈妈是不是在看自己	不会看任何人，因为眼神接触会透露她的真实情绪

增强自信的技巧

如果你的孩子有足够的知识和技巧，仅仅欠缺自信，那么这个练习会非常有帮助。另外这个练习最适合给五、六年级的小学生或者中学生使用，还有那些习惯讨论身体语言的孩子。

- 回忆一个你自己特别自信的时刻。你周围发生了什么？你看到了听到了什么？你告诉自己什么话？那是什么感觉？在你回忆这些的时候……
- 慢跑或者蹦跳一两分钟，直到你感到自己身体的能量在加强……
- 站直了，挺胸抬头；让四肢的肌肉绷紧然后放松；咧开嘴笑；睁大眼睛，直视前方地平线稍向上的方向；对自己说一句可以给自己自信的话，例如“我能行”。
- 去做要做的事吧。

在你的帮助下，孩子会做好准备，他自己也会因此而平静自信起来，这时，你可以清晰地看到他的身体语言展示出“自信”，即便他有所犹豫，他也已经准备充分。这时，你可以与孩子一起实践提升自信的相关练习，让他将状态调整到最佳，迎接最终的挑战。

饮食失调

孩子在与自己身体不断的交谈中了解了身体的种种需求，这些对话中，与吃有关的话题是最热门的话题之一。食物的话题不仅包括吃东西（或者具体地吃某样东西），还有饮食过量，用餐时心情沮丧等等，他的身体把这些告诉给他，而孩子又传达给你。

从最简单的事实说起，不吃东西可能表示你的孩子并不饿。一个成年人的胃口也没多大，大概只有一个拳头的大小，而放学回来的孩子可能已经在外面吃了足够多的食物，他实在无须打扫干净家里餐桌上摆放的食物。只要孩子吃的是健康食品，你就无须大惊小怪。时不时地，孩子需要换一下口味，不能总吃你给他做的饭菜，孩子好像变得挑吃挑喝起来。其实，早有研究成果表明，孩子从尚未学说话起，就知道该吃什么和吃多少食物，以平衡营养摄入量。长大了的孩子更加懂得身体对饮食的需求，你只需要听从和信任孩子的身体。

孩子会不会饮食正常，但是拒绝某类食物？与其说孩子拒绝了这种食物，不如说这种食物拒绝了他。现在，众所周知，不管常见与否，食物的确会给人体带来过敏反应。因此，如果一个孩子总是不吃某种东西，很可能因为这类东西会造成皮肤出疹或胃痛等症状；孩子的身体明确地告诉他——吃这个东西可不太好，所以孩子一见到它就会立刻反胃和不适。即使身体不会出现生理反应，如果一看到某种食物，你的宝宝就哭喊尖叫，你家十几岁的孩子就厌烦生气的话，你最好赶紧把那道菜撤掉，至少在短期内别给孩子们吃了。（我们很高兴地看到，研究结果表明，有些成人在避免接触身体直觉厌恶的食物后，厌食反应有很大的好转。）

饥饿的程度

有时候孩子经常会出现吃撑了的情况，这是因为他不清楚饥饿是什么感觉。他也许需要一些完全不同的东西——别人的注意，一个拥抱，睡觉，体育活动，或者大哭一场——但是他不能识别那些信号，所以就去拿面包盒了。或者，你可能干扰了他的饥饿信号。他真的不需要吃东西了，但是因为你对他吃得太少而发火的表现，以及你不断催促他吃更多东西的行为，使他又去吃蛋糕了。

你可以帮助孩子聆听观察自己身体内的信号来识别他自己到底有多饿，需要吃多少，以及什么时候停止吃东西。他怎么知道自己饿了？他到底从哪里感受到饿？然后吃饱又是什么感觉？（提醒你的孩子生理的饥饿感发展得很慢；如果他的肚子突然特别饿，那是情绪上的“饥饿”，不是真饿了。）

下面列出了饥饿发展的步骤。目的是让你的孩子认识在他越来越饿的过程中一步一步都是什么感觉。除非他感觉到了 3、2 或者 1 阶段，否则他不应该吃东西。而当他感觉到 5.1 阶段后，他就应该被允许停止吃饭。

你到底有多饥饿？

阶段 1：身体站不稳，头晕，几乎就要因饥饿而昏厥

阶段 2：非常饿，胃疼，呻吟

阶段 3：很饿，肚子感觉很空，清楚地知道你想吃什么

阶段 4：有一点饿，可以吃一点东西

阶段 4.9：吃一口就行

阶段 5：满足

阶段 5.1：已经比需要的多吃了一口

阶段 6：吃饱了

阶段 7：觉得胃被撑满了

阶段 8：吃得过多了，开始胃疼了

阶段 9：吃得太多了，这辈子也不想再吃了

阶段 10：年夜饭后的饱胀感

同样道理，孩子渴望某样食物也并不奇怪，他只是传达身体内部的信息：身体需要，即刻需要。所以，何不顺应孩子身体内部的呼唤？极有可能是因为那种食物中包含他所缺少的维生素或某种矿物质。（只有糖是个例外，如果孩子吃糖上瘾，那只是一种病态的上瘾，而不是健康的饮食需求！）

除此之外，更值得关注的是，饮食问题通常代表了较为严重的精神低落状态。偶尔没有食欲属于正常情况，不在我们的讨论范围内，我想强调的是，如果孩子持续不进食，或一直暴饮暴食，或饭后吐泻，那么你必须警惕。饮食失调的原因千差万别。可能是孩子对青春期有抵触情绪，所以想靠挨饿让自己晚点进入青春期；也可能是想把自己饿成杂志上纤细光鲜的模特一样；或是（饮食失调的孩子）想获得他人的关注；此外，没有安全感，过度追求完美，内心压抑的怒火，挑战家长制定的纪律，家庭破裂后的忧郁等等，一切都有可能。

当不吃饭会带来危险的时候

越来越多的孩子现在遭受厌食症（被饿死）和神经性贪食（使用呕吐或者吃泻药来排出吃的东西）的病痛。如果你在你的孩子身上发现下面的信号，那么你需要寻求专业人士的帮助。

- 明显因为食物而感到担忧和悲痛
- 对食物感兴趣但是减少了食物摄入量

- 吃得非常少
- 为全家做饭，但是自己不吃
- 就是不想吃东西，即使一块薯片也不吃
- 把食物藏起来，弄脏，围着盘子摊开
- 过度锻炼
- 即使已经很瘦了还计算自己的卡路里
- 经常照镜子，即使已经很瘦了仍然觉得自己胖
- 温顺的；对他人完全没有怒气
- 压抑对自己的愤怒的身体语言信号
- 周期性停止进食，或者当需要吃饭时不吃饭
- 吃完饭马上去厕所（去呕吐）

在以上的情况下，孩子非语言的肢体行为是探知饮食问题的良好渠道，解决问题的核心方式恐怕在身体语言中找不到答案。此类问题需要寻求专业治疗，解决孩子深层的心理和生理问题，孩子的身体上却不会有所体现。目前，关于解决各类饮食失调，已经有大量相关知识和手段可供参考。

睡眠造成的重重压力

“我儿子从来不想去床上乖乖睡觉。”“这孩子早上就爱赖着不起。”……睡眠障碍是另一个传达孩子身体需求的常见方式。

宝宝不肯睡觉，可能仅仅因为他还精力充沛，毫不疲惫。还没跑够，玩够，折腾够，他还不需要躺下休息，或者，孩子的大脑还没有“折腾够”，接收的“数据”远远还不满足“存储空间”的需

求。体力充沛，精力也充足，孩子自然不会乖乖地上床睡觉。一两岁时，孩子上了幼儿园，整天把自己搞得精疲力竭，耗光了体力和精力，他的睡眠问题就会自动消失。到那会儿，你别开着电视，让孩子只静坐在沙发上看电视，而是要让他尽可能地消耗体力，拉伸身体，跟小伙伴，或者跟家长一起做点体育活动，益智类游戏。

更有可能的是，虽然孩子早已疲倦，但仍然了无睡意。年纪小一点儿的宝宝们，如果家长非逼他们去睡觉的话，他们可能会大发脾气。一个家长告诉我："每天晚上，我们一给埃莉诺拿出睡衣，她就开始乱踢乱叫。"稍大点儿的孩子们，会用身体语言暗示你他还很清醒呢，并说服你，这会儿还没必要去睡觉。一位两个孩子的母亲说："尼基会轻轻拍打自己的脸蛋，晃晃头，让自己清醒地睁开双眼。"而七岁的瑞秋则"动作越来越迟缓，但还强撑着不肯去睡觉"。也许，孩子们发觉清醒的时候有更多事情可做，更有意思，恨不得整夜不睡。临睡前的一段时间里，他们只能保持昏昏沉沉、半梦半醒的状态，而不是他迫切希望继续的兴奋状态。

还有一种可能性，孩子大概不能确认"疲惫"的感觉。你可以跟他讲讲当他困倦时的感觉，解释给他听，这些睡眠信号（见下表）是身体在向你提出入眠的要求，以便明天清晨时能够神清气爽，恢复最佳状态。鼓励孩子自己体察身体发出的疲倦信号，特别是他察觉信号后能主动提出要回房睡觉时，你一定要好好地表扬他一番。

孩子进入梦乡前，他需要养成一种习惯，呈现出自然的睡眠式身体语言：让自己保持宁静、踏实和暖和；放缓思维活动的脚步；轻柔而和缓地自言自语。舒舒服服地洗一个热水澡，来上一杯热气腾腾的睡前饮料，盖着柔软的毛毯，聆听甜美温馨的摇篮曲，这一套

入睡和醒来

如果你想要你的孩子听懂自己身体想要睡觉和醒来的信号，你需要告诉孩子它们是什么。下面是这些信号。

	一个很困的孩子	一个醒来的孩子
例子	一个想要保持清醒继续看电视的孩子	一个在自己生日早晨醒来的孩子
体态	身体软软的，没有任何肌肉张力；手垂下来，因为身体要保存能量	放松但是机警；身体做好做动作的准备
动作	缓慢；头不住地向下耷拉；不断打哈欠以提供让自己保持清醒的更多的氧气；按摩自己的耳朵来安慰自己——他在入睡前需要感到安全	伸个懒腰为一天做准备；打个哈欠好让自己醒来；做一些伸展运动使肾上腺素开始起作用
表情	脸形因疲劳而改变，因生理状态的不同而变得更瘦或更圆	脸形变回正常的形状，一种向家长表明自己睡够了的表情
眼神	眯着眼睛，即将闭上，切断主要的刺激源来帮助入睡	张大的，眨眼使眼睛能张得更大，一种表明身体可以吸收外界信息的信号
话音	低而慢，或者高而紧张	不断变大，大声并充满活力
内部信号	思维通道里的图像都褪色了；内心对话停止了；身体系统停顿了。他感觉到沉重；眼睛发痒。在感到想入睡感觉的同时可能会听到一小段音乐，因为神经系统会随机地接入思维系统	身体机能系统开始工作。思维通道里的图像变得清楚了；孩子还是自己内心对话。感觉到身体充满能量，做好了进行运动的准备。在心里会对将要发生的事情进行预演（所有他期待的生日活动）

经典的催眠习惯正是孩子所需的；大一点儿的孩子可能不想听摇篮曲，缠着你讲一个枕边故事，或者自己读读睡前小书，听听 MP3 里舒缓的音乐。

噩梦和夜惊

噩梦是生动的、不好的梦境。它发生在后半夜，是由某些白天刺激了孩子的因素引起的。他会翻来覆去，出汗，皱眉或者突然痉挛性地移动手臂。当他醒来时，他会记得噩梦，但是告诉你后会使他平静下来并忘掉它。要预防噩梦的话，点一盏小夜灯，在睡前听他倾诉白天发生的不好的事并安慰他，在上床前不要用太热的水淋浴。你还应该看看他的食谱，有时候某些食物也会引起噩梦。

夜惊不是噩梦，它是幻觉。孩子会醒来尖叫，不会记得为什么他会感觉这么不好，并且因为发现你在身边而有点震惊。不要拥抱他——这会更加吓到他，陪着他说一会儿话等他冷静下来就好了。在他每次夜惊发生的时候尝试做记录，直到找到规律，然后在他下次夜惊发生前 15 分钟叫醒他。保持这样两周的时间，你就会重置他的“睡眠生物钟”以避免夜惊再次发生。

几个小时的舒适睡眠后，有些孩子开始赖床不起了，这时，你可以反其道而行之。清醒的身体语言包括身体活动，说话，睁开眼睛，竖起耳朵，然后是更利落和敏捷的动作和思维，跟随着大脑中更为响亮和活跃的自语——因此，清晨拉开窗帘，打开室内灯，调高收音机的音量都是常用的叫起孩子的方法。当然了，现在孩子们在被窝里建筑的温暖巢穴越来越坚固了，家长们叫起的难度也大大增加。你不妨试试，坐在床边，靠近孩子的耳朵，坚定而清晰地告诉他——该起床了！如果孩子必须得用身体语言策略才能清醒地干正事的话，我建议你的孩子下床后做做拉伸运动，冲个凉水澡，戴上耳机放大音量听听歌（可别听器乐），把大脑启动起来。

也有的孩子既难入睡，又爱赖床，那么他很有可能正在经历人生的一段艰难期：青春期。早几年，父母们倾向把不睡觉和不起床归咎于青春期孩子的懒散和叛逆，他们以惹怒父母为乐。近年来，已有研究指出，晚睡晚起不是青春期少年的错：大概 10 岁左右，孩子的身体时钟进入“延迟期”，正常的睡眠循环发生改变，孩子在晚上睡觉时间内十分清醒，而到了早晨起床时却昏昏沉沉。

另外，青春期少年们为了更好地处理体内的各种生理和情绪变化，他们格外需要睡眠，但最终往往得不到足够的休息。睡眠不足，无疑会随之带来一系列青春期问题，厌学，积极性受挫和情绪控制等。青春期少年的理想睡眠时间为 9 小时，对比你的孩子每天的实际睡眠时间，你自然明白孩子为什么每天早上赖在被窝里不肯起了吧。

到底该怎么办？一些美国中学调整了学校作息时间表，允许青春期学生晚点开始上课，但是并非所有的学校都会进行调整，你只能让孩子学会适应。上文提到的所有促进睡眠的小贴士，特别是一系列逐渐趋于平静的身体语言，会让孩子形成有规律的睡眠时间，易于进入深度睡眠，第二天早上也会乖乖起床。如果孩子愿意在同一时间起床，每天都这么重复同一个睡眠模式，这也将有助于预防睡眠不足的问题。（不过，说老实话，世界上没有青少年会乐意在周末早起的。）

最后，即使你不能做到上述的任何一条，至少你可以提醒自己和青春期孩子，睡眠问题只是生理问题，而不是纯粹的叛逆行为，等青春期一过，睡眠问题会自动好转。一旦你有了这样的认知，你跟孩子就不会因为睡觉和起床的问题争执不休了。

压力的种种迹象

记得给你的孩子一些锦囊妙计，帮助他应对生理、心理、情感上的种种问题，有助于他的身体进入全面兴奋状态。在这种状态下，他的大脑会转为行动模式，思考着什么是最佳选择，他的心率、呼吸和血糖值飙升，提供足够能量采取相应的行动。

对少有的“一锤子买卖”式事情来说，这种全面兴奋状态十分管用，例如一次非常重要的考试，跟朋友们参加舞会，搬家等等。肾上腺素到处乱窜，皮质醇顺着血管汹涌流淌。整个神经系统为之振奋，使得孩子们勇往直前。但是，经常处于全面兴奋状态，或者某次在该状态下停留时间过长，你都会遇到麻烦。各类考试应接不暇，一天到晚呼朋引伴，或者反过来每天闲得无聊，都会使孩子压力过重，值得注意的是，无聊跟忙碌都会造成压力。孩子的重要器官受到过度刺激，白细胞敏感度大大降低，免疫系统将变得脆弱，孩子还有可能出现厌食、腹泻或便秘等症状。孩子的身体健康全面遭到挑战。

无论成年人还是孩子，处理压力的关键就在于，当压力来临时，我们能否控制住它。如果你可以让自己从压力情境中走出来，或者改变环境，改变你面对压力的方式，那么你将轻而易举地处理各种压力。但是，在处理压力和控制事情发展方面，孩子们比起成年人可要差得多：孩子们无法选择是否参加一门考试，不能选择是不是要搬家。尽管孩子们享有田园诗和神话般的童年，但是他们所承受的压力与我们一样多，有时甚至更大更多。

年幼的孩子们的压力多半是实际问题。8个月大的彼特自己呆在一间温度过高的房间里，他又无法调低空调温度，他就开始大哭起来，直到妈妈听到他的哭声，走过来帮他调了温度，小彼特才慢慢缓过来。彼特8岁的哥哥鲁宾也觉得热，但他可以自己脱下外套凉快凉快。撇下这个不谈，孩子年纪越大，无论是生理还是情绪上所承担的压力都越多，其中一个原因就是，他们开始知道可能产生的"后果"的严重性。8岁的鲁宾为拼写测验提心吊胆的时候，18岁的哥哥可能一整年都在担忧大学入学考试。

有心理压力的婴儿，家长往往一眼就看出来了，他们的身体语言清晰直白，解决宝宝压力的方法也简单直接。想换尿布或想吃东西时，宝宝会立即发出身体信号，通常是一种特殊的"压力式啼哭"，或快或慢，你只需要应对他的需求即可。（有些儿童专家建议父母立即应付宝宝，而另一派专家则建议让宝宝稍等一会儿，学会承受压力感，不要指望自己一哭就能得到满足。但是最终的选择权在你的手上。）

当孩子沮丧的时候

学校的生活是你生命中最幸福的时光吗？一般来说，不是；儿童也会觉得沮丧。而且，令人悲伤的是，沮丧的一个症状可能就是你的孩子不能告诉你他的感受。但是身体语言会清晰而大声地告诉你——然后你可以看看怎么帮助你的孩子。

如果你的孩子突然有下面的情况出现，那么这不是一个好的信号……

- 不见他的朋友了
- 不做他平常爱做的事情了
- 在学校表现得不好了
- 觉得没有平时那么有活力了
- 易怒
- 不能很好地集中注意力
- 看起来焦躁不安
- 经常有懒散的颓靡的体态
- 很少笑甚至完全不笑了
- 睡懒觉或者起得特别早
- 不注意个人卫生和衣着
- 经常哭
- 突然经常出意外（以前不是这样）
- 突然间的体重变化（瘦了或者胖了）

你怎么帮助他（通过身体语言）

- 给他很多赞许的信号（经常注意他，眼神交流）
- 不要给他批评的信号——皱眉，提高说话音量
- 如果孩子需要，给他很多身体接触，拥抱或者抚摸
- 注意孩子说话或者将要说话时保持安静，让他说出来

你怎么帮助他（通过语言）

- 告诉你的孩子你关心他
- 告诉你的孩子他做得对

- 让孩子说出所有他的感受，所有他想说的话，认真听，不要打断和躲避
- 在他想找你谈话时就马上和他谈话
- 鼓励他进行体育运动或者户外活动
- 鼓励他参加集体活动
- 提醒他的老师孩子现在很沮丧
- 寻求专业人士的支持

大一点儿的孩子也会用身体语言告诉你在他身上发生了什么事。5 岁的孩子的行为举止有时也会退回到婴儿时期，口齿不清地喃喃自语，常常渴望父母的拥抱。本的妈妈说："如果本吃得饱饱的，他就会四脚朝天肚皮朝上地躺在地板上，四肢瘫软。"青少年如果学会更多自控方法后，可能会将压力内化，开始形成一些神经质的不良生活习惯，像挖鼻孔，咬指甲，掐自己（或他人）——如果压力无从解决，很可能导致更严重的自我伤害。

任何年龄段的孩子都会用像抚摸自己、不停敲击东西或不停摇摆等身体信号传达压力和紧张，也会发出打嗝、胀气、身体移动或呼吸气味的转变等无法控制的"体内"信号。观察这些多少有点尴尬，但是面对不肯泄露自己内心的孩子，这些都是了解他们的关键线索。在一些特别的时间点，比如大考之前，你得特别关注有没有这些信号出现。

你能做些什么？其实，有很多可作为之处。压力管理不仅仅适用于成年人，有些学校开设了相关课程，为了方便，你也可以在自己家里开设类似的减压课。跟孩子聊聊他的压力，提示他注

意体内的紧张信号，等到压力再次降临时，他可以很快察觉到。你也可以跟孩子一起进行“测压”游戏，把手放在对方的胸前，互相检查心跳频率，双手互握，坚持彼此的体温。（双手冰冷通常代表压力大。）

在压力中挺过来

下面介绍一个非常有用的，立即起效的帮助人从压力的紧张中放松下来的技巧，适合比较大的孩子使用。

- 什么事情让你感觉有压力：考试？受处罚？朋友离你而去？
- 你的身体信号怎么使你感到压力的：肠胃不舒服？后背发紧？咬紧的牙关？眼睛疼痛？
- 在这件事情发生的一瞬间，或者你感受到上面信号的一瞬间，深深进行一次深呼吸。如果可能，闭上眼睛；如果不可能，向下看。
- 从1数到10，同时随着你数数，把身上的每一块肌肉用上劲。当你数到10的时候，你的身体应该像一块铁板一样硬。
- 现在从10数回到1，放松全身并且慢慢呼气。数到1时，你应该像羽绒被一样松软。
- 保持慢慢地呼吸，吸气，呼气……
- 告诉你自己你可以在任何你需要的时候重新做这些动作。

许多童年时期的压力的原因极其简单直接，所以你只管理清孩子压力的来龙去脉。跟孩子一起复习考试，指导他交友的方式，聊聊搬家的事带来的困扰，充分的沟通可以使孩子的压力烟消云散。

但是，你也可以为孩子做许多日常的耐压力测试，并教给他可终身受用的抗压策略：

1. 教会孩子彻底放松，最好坚持每天练习。“我们通常找一个舒适的地方，每天晚上，10分钟，也许还穿着睡衣，”萨米的妈妈告诉我，“我们放上慢节奏的音乐，萨米（9岁）平躺在我的身边……我们把身体的每个部分收紧再放松，一遍一遍地，直到我们全身放松下来。”

2. 让孩子以固定的频率缓慢地深呼吸——用餐前深呼吸几次，还有你给他晚安拥抱时，你们可以一起试试。（如果你们拥抱在一起，在几分钟内一同呼吸，孩子会更加彻底地放松下来。）

3. 尝试做一些按摩。你可以轻轻抚摸孩子的手、脚、脸或背部，保持与他的呼吸同步。如果某种特殊的接触使他的神经松弛下来，你可以再重复一次。然后，让孩子为你按摩，抚摸你的四肢或后背，这个过程与他被按摩时一样可以使他放松下来。

4. 最后，我的建议可能会让你不高兴，但是压力大的孩子看看电视或玩玩电脑游戏，也可以从中受益。如果孩子的压力是由于他的小CPU过度“运作”引起，那些数不清的活动，大量的精力消耗，一大串等待完成的任务——那么，让他“死机”一会儿，做点儿少耗神的事，诸如玩游戏，看电视，可以有助于他缓解压力。别担心，我决不赞成孩子成天盯着屏幕，这绝对会给孩子带来极大的压力。但是，看一会儿他喜欢的又极度无聊的肥皂剧，肯定能带来排忧缓压的神奇效果。

你的家庭面临危机时

要知道，孩子的压力不仅来自学校课业和朋友关系，你们家长，成年人面临的问题也是孩子的压力源头。如果你自己遇到了麻烦，与病魔斗争也好，正值失业边缘也罢，夫妻关系即将破裂等等——这一切会深深地影响到生活在你身边的孩子们，他会陡然失去安全感，常常焦虑，甚至会因为不幸降临在自己的头上而愤怒不已。

当你不开心的时候

下面这些非语言信号会告诉你的孩子你现在不开心——不管你愿不愿意。

- 你的体态非常僵硬，脊背挺直，肩膀很紧张。
- 你使用过度控制的手势，其中之一就是保持手臂离身体很近。
- 你紧闭双唇避免说话，还不断地无意识地重复手放在嘴上面的动作。
- 你的眼睛微红，这是由于没有流出的泪水。
- 你使用更多的“安慰手势”，拍拍自己的手、脸或者身体。
- 你需要更多的独处时间，即使你的孩子也不能接近你。

成年人通常不会向自己的孩子倾诉烦恼，他们认为，自己的烦恼往往超出了孩子的理解范围，对孩子保密，就是最好的保护——而保密了，他们认为，孩子就无从知道了。但是，在某种程度上，即使你不肯与孩子交流，你的身体语言也在悄悄地与他对话，而孩子会自己弄明白到底发生了什么。即使孩子不能理解事情的具体情况，

当你处在家庭危机中

下面是三种儿童会采用的用来处理危机的身体语言策略。

儿童会怎么做?	好像没有注意到正在发生的事情。	在家里气氛开始紧张起来的时候就走出来打断正在发生的事情。	复制并且反映出围绕着他的强烈的感情冲突。
儿童的真正目的是什么?	假装家庭危机没有发生。	阻止你们变得心烦意乱。	来表达你们没有表现出来的情绪。
身体语言表现出什么?	自己蜷缩起来，双肩高耸；远离家里的其他人以使自己什么也听不见看不见；不会看别人的眼睛，因为眼神交流会导致流露出真实的感情；用手挡住嘴或者结结巴巴地说话；说话的声音变得很小；声称自己很好；不会直接说出自己感受到的强烈的感情冲突，但是会通过绘画或者游戏反映出来。	转移注意力：变得非常生气或者恐慌使你去关心他；变得暴戾或者恐惧，强烈到能够引起你的注意；变得容易惹祸。挽救紧张的气氛：走过来用身体语言进行安慰，先是一个人然后是另一个人；表达出家庭成员感觉说不出来的生气或害怕的感觉。	反映你的愤怒：体态和肌肉很紧张，紧握拳头；推开别人；用很凶狠的眼神盯着别人；声音总是很大很高；感觉内心被过度刺激了；诉诸自残的方式。反映你的害怕：蜷缩在一起以自我防御；黏着别人；要求别人的身体触摸或者干脆远远躲开；声音很低；感到肠胃纠缠在一起；诉诸一些退缩行的方式——例如尿床。

但是，从你身体的蛛丝马迹中，他至少能判断事情在朝不好的方向发展。

大约有三种可预见的方法，你的孩子会选择其一回应你。（而且，因为你不愿谈论这件事，所以孩子不会通过语言交流的。）第一种方法，他可能会尽量忽视你的问题，假装它并不存在；第二种，当问题日趋严重时，他会试着打断正在发生的事情；第三种，他会模仿你的情绪——焦虑、忧伤、挫败、愤怒——并表露无遗。你们的情绪互相叠加，最终会导致家里的坏情绪像过山车一样失控。

到底该做什么呢？如果你决定不把目前困境的具体细节告诉孩子，那是你的选择，而且，我相信你的选择是正确的。但是，我也坚持认为，你不该否认瞒着孩子总不是件好事。你瞒着他，他会始终挣扎于各种痛苦情绪之中——同时，你不断安慰他，你们的世界平和得一切如常，总觉得不知情的孩子没有理由情绪低落，揣测着孩子是不是已经猜到事情的来龙去脉了。这种混合多含义的身体信息，会折磨得每个人烦躁得要发狂。

在这里，我想提出我的建议。作为家长，你不能欠孩子一个合理的解释，孩子如果察觉到近期你的举止怪异，那么至少明白地告诉他原因，告诉他你最近的生活处于低潮期，情绪低落。这样，孩子才能更好地理解你不愉快的身体语言，而你也要允许他的郁闷情绪。

聆听解释之后，孩子最需要的是安全感，他要确认你依然爱他，确认一切的不对劲儿不是由他造成的。所以，即便你的世界真的要天崩地裂，你也不能将压力和痛苦随手甩给无辜的孩子。相反，不管选择怎样的方式，你都要把困难讲给孩子听，多花点时间陪陪他，而跟孩子相处的每分每秒，你都该尽量使用亲密的身体语言——坚定的目光对视，温柔的微笑，暖暖的语气，大大的拥抱。（这本书读到现在，你知道该做些什么了。）

致瘾物品的危害

一些媒体报道希望人们相信，大多数 5 岁以上的孩子，在某个时期都会沾染上毒品。这当然不是事实，大大地言过其实。但是，公平地说，愈演愈烈的青少年酗酒和吸毒问题必须引起我们的重视。

渴望在朋友圈中大受欢迎，使烟酒和毒品成为孩子眼中伊甸园的苹果。女孩们认为如果自己抽烟，在男孩眼中会显得充满魅力；男孩们则把跟伙伴们一起喝酒当作向人示好的方式。烟酒和毒品对孩子也有生理吸引力：毒品能改变孩子的体内信号，短暂地扩大某些信号而降低另一些，使人产生快感，兴奋冲动。酒精和尼古丁则会刺激大脑触发情绪，从而产生神魂颠倒的快感。

时间的推移也带来了严重的问题，大脑逐渐适应过度刺激状态，所以同样的效果，只有增加用量才能达到。服用致瘾物品后，人的大脑将停止自然产生兴奋感的功能，孩子会产生致瘾物品依赖性。停止使用致瘾物品后的低迷和痛楚，使孩子往往“重操旧业”。他们卡在无法摆脱的困境中。

很显然，上瘾的孩子不会跟家长承认的，他们像最狡猾的狐狸一样不露蛛丝马迹。所以，你只能通过他们的身体语言判断他是否染上恶习，比如，儿子是否比过去瞌睡多了，身上总有异味？女儿

服用易上瘾物品的身体标志

本表列出了当下主要流行的易上瘾物品（不包括麻醉剂、可卡因药丸和可卡因）并描述了如果你的孩子在服用它时的身体语言信号。

易上瘾物品类型	如何服用	生理快感因素	长期威胁	要注意的标志
咖啡因	随咖啡、茶、可乐等饮料饮用	集中注意力，提神，放大情绪	高血压、心脏病	一会儿不喝就进入神经质或者易怒状态
酒精	随含酒精饮料饮用	麻醉神经，令人愉悦的眩晕，放大情绪	酗酒、酒精中毒（会导致昏迷）、伤害器官	喝醉的行为，可以闻到的酒精的气味
烟草	吸香烟	放松、刺激	癌症、伤害心肺	烟味，染色的手指和牙齿，增加的咳嗽和心肺病
可上瘾溶剂	用鼻子从胶合物或者喷雾中吸入	神志不清，令人愉悦的眩晕，幻觉	意外事故，窒息，伤害器官，头疼，短暂性失明	奇怪的气味，喝醉的行为，鼻子和嘴边发疹
镇静剂	片剂，例如安定或者洛喜普诺，也可以注射或者是栓剂	镇静，催眠，失忆	上瘾；如果和酒精一起服用会导致过量；被性侵犯的危险	健忘，嗜睡，头痛，焦虑，神志不清
合成类固醇	片剂或注射	增强肌肉尺寸，增加运动耐力	生长阻滞；伤害肝脏；上瘾；发展异性的特征；高血压	情绪波动；增加攻击性；失去胃口；睡眠减少
大麻	和烟草混合在一起用烟卷或者烟斗吸入，加入茶或者蛋糕中	放松，喋喋不休，减少焦虑，更加敏感	偏执狂和不断增加的精神问题；心肺疾病；精神依赖	可以在烟草外闻到特殊的味道；突然饥饿；焦虑；减少的协调性和积极性；一直懒洋洋的

（接上表）

兴奋剂	一般是白粉，用鼻子吸入，注射，涂抹在牙床上或者点燃吸入	警醒，自信，克服疲倦	上瘾，心脏疾病，更加沮丧	被破坏的睡眠，没有胃口，焦虑，划伤自己
摇头丸	片剂或者胶囊（吞入）	镇静，带来活力，使声音和颜色的感觉更强烈，喋喋不休	沮丧，改变个性，失忆，精神依赖，心脏机能变差，高血压	出外通宵后需要很长时间的睡眠；强烈的口渴；放大的瞳孔；焦虑；神志不清；免疫力下降
迷幻剂	可溶解于舌上的LSD纸。吃致幻蘑菇。	视觉或者听觉的幻觉（好的或者不好的）	精神疾病加重，吃错蘑菇种类带来的危险	突然闪现毒品的效果，神志不清，恐慌
海洛因、吗啡	用鼻子吸入粉末，注射，点燃吸入	温暖而愉悦的睡意，服用后立刻带来的嗡嗡声，减少生理和心理的痛苦	上瘾，过量服用会带来昏迷或死亡，共用注射器的危险（如传染艾滋病）	非常差的健康状况，便秘，月经失调
小瓶春药（亚硝酸戊酯）	从小瓶里用鼻子吸入	头晕，使性高潮感觉持续时间更长	极度头疼，心脏疾病	嘴周围发疹
迷奸水、丁内酯	吞服液体	愉悦感，减少压抑，充满睡意	昏迷，死亡，成为被伤害的对象或者药物性侵犯对象的危险	嘴中有烧伤
克他命（氯胺酮）	注射，喷入鼻中，片剂服用	幻觉，感觉轻飘飘的	精神依赖，加重精神疾病，心肺功能疾病，膀胱疾病	不能移动；恐慌；沮丧；受到伤害时没有疼痛感

是否体重迅速下降，总是没精打采？表格中列出了孩子上瘾的标志症状。

是否有方法让孩子戒掉对致癌物品的依赖？可以，这涉及积极的心理治疗和行为纠正的一系列方案，不仅仅是纯粹的身体语言。

为了从源头上阻止致癌物品污染孩子纯洁的世界，学校的宣传教育必须发挥作用；目前，学校越来越早地开设相关课程和讲座，告诉孩子们烟酒和毒品等物质的巨大危害。禁毒组织和禁毒援助热线也给出建议——“对毒品坚决说不”。

毋庸赘言，家里孩子染上恶习后，你一定要以正确合适的态度面对孩子，跟他进行父子/母子对话，直到他下决心戒掉各种致癌物品，如果孩子在抵抗诱惑时，你一定要用赞美的身体语言表示支持。

帮助孩子戒掉致癌物品充满挑战。话说回来，你自己在吸烟和饮酒时，能保证自己不使用相关的身体语言吗？设想一下，你在吸烟时，猛吸一口，然后边吞云吐雾，边发出满足的叹息和微笑，如果你的孩子在旁边看到这个情景，那么，你相当于亲自传授给他吸烟的技巧。同样的道理，如果你喝酒时表现得比任何清醒时候都要放松和快乐，那么孩子会牢牢记住这个画面，即便你义正词严地告诉他远离酒精，孩子又怎么会听得进去？别嫌我哪壶不开提哪壶，我只是告诉你一个我们都知道的事实。

孩子生命中关于价值观的第一课就来自他人的身体语言。

树立正确的价值观

父母的最大心愿就是孩子一生健康快乐。然而，超越这些人生基本需求，没有父母不期望，在面对这个纷乱的世界时，孩子可以拥有正确的是非观念。外部世界的人与事，孩子可以与之产生共鸣吗？他可以无惧无悔地坚持自己的信仰吗？是与非，对与错，孩子可以明确地分辨出它们的区别吗？孩子能否既坚持走自己的路，而又时刻铭记社会上的道德准则？

到了一定的年龄，孩子们必须接受道德上的教育和规范，宗教布道、道德寓言、励志格言和及时指导都发挥了关键作用。但是，关于是非观念最重要的一课，事实上也是孩子们接受的第一课，正是来自于他人的身体语言。

他人奖惩分明的态度，给孩子们上了生动的第一课。刚出生的小宝宝就能从妈妈的微笑中看到赞许，从严厉的语气中听出惩罚。一岁左右的孩子表现得很乖，他会立刻因为得到你的拥抱和亲吻而欢天喜地，但是当他惹恼了小伙伴们，大家弃他而去时，悲伤会立即淹没了这个可怜的小家伙。你家念书的孩子如果考了高分，老师给了他一个赞许的微笑，他肯定能为此开心上好几天，但一旦考砸了，老师对他皱着眉，板着脸时，他也会郁闷上一阵子。人们表露无遗的态度，是孩子们学习判断是非最明白易懂的教科书。

同时，人们内心的情绪和想法，也是孩子们需要学习揣摩的对象，而且，独立地体察和领会至关重要。颇为神奇地，孩子们可以重复学来的身体语言，表达正确行为后的欢快、乐趣和满足，或者表达错误行径带来的愤怒、忧伤和焦虑。你必须得记住，面对孩子，不只是微笑和皱眉给予他们赞许和表达你的不满。你潜意识里对孩子的赞许，比如，你在心里深深为他感到骄傲，那么孩子一定会感觉到，并受到莫大的鼓励；而相反你在心里掩藏不露的失望，孩子也会敏锐地洞察到，继而沮丧羞愧。

孩子慢慢长大，当他面临一个道德抉择时，如是否悄悄拿走好友心爱的玩具，该不该在地理考试时作弊这类问题时，有意无意地，他的思维会向前追溯，追溯到那些埋藏内心的关于"奖惩"的记忆。他会记起你厌烦的身体语言，还有你曾有过，而他从你那里学来的不悦和失望。他也会记得你欣喜的身体语言，还有你曾感到，并感染了他的骄傲和自豪。

逐渐成熟起来的孩子，会发展出一种自动自发的身体机制，对善恶是非形成了自动反应，即便仅在想象中做了或对或错的事情，都会引发这种身体机制自动生效。我们看到了希望。以理想的角度来看，孩子接受的全部非语言道德教育，意味着他的内心已经拥有足够坚定的是非观念，足以抵御外界施加给他的种种压力。理论上，孩子对潜在的罪恶行为会产生抵触情绪，因此，那些罪恶的念头就连微弱的火苗也不会产生。

一起体察孩子的内心感受

那么，父母可以利用身体语言的技巧，加强孩子们的道德教育吗？答案无疑是肯定的。你可以鼓励孩子在做完一件事情后，细心体察自己的内心感觉。你可以问他这样的问题：“当你做了一件好事，你有什么样的感觉？做了坏事呢？”“正确”通常给人稳定、坚实、平衡和平静的感觉，没有恶劣的心理感觉，没有忧虑的自语，孩子当然会觉得平静坚定。“错误”则带给人相反的感觉：不适、动摇，孩子的胃、后背和呼吸系统都受到了影响。

年纪稍大的孩子可以用更抽象的术语，进行精确概括和更细微区别。“你有罪恶感了，身体哪里产生的？你做对了，你自己怎么知道的？你是无辜的，但别人非要指责你做错事，你会怎么想？”能用语言表达内心感受的孩子，他们体会到的情绪感观种类之多，内心是非判断之清晰，足以令你惊讶。

孩子的道德观

作为家长，你应当鼓励孩子主动自觉地观察别人对自己行为的反应，并且猜测人们的真实感受。“你估计老师喜不喜欢你的作品？你觉得，你的老师/朋友到底怎么想的？”“你为了某样东西感到骄傲时，你有怎样的具体感受？悲伤时，哪里能体会得到？胃里还是嗓子？你真觉得那个朋友心情沮丧吗？”

面对如此复杂的道德问题，以上的理解方式似乎太生理化了——但是，这难道不是我们真正的目标所在吗？我们的终极目标就是希望孩子将来不要随口抛出一个从外界学来的价值观和人生观，而是真正地从自己内心体悟道理——就比如，孩子做好事不是因为在别人教导指挥下做的，而是他亲身体验到的，发自内心想要做。要想培养有道德的孩子，若从教他纲常伦理起步，你将踏上一条漫漫长路，何不选择一条捷径？从小教会孩子用身体和内心，去体会善恶行为给内心带来的不同体会。

提供一个风险提示。孩子的是非观需要一定的时间才能养成，但是，如果你的孩子完全没有形成这种观念，而且完全没有即将形成的迹象，那么你需要密切关注他。一个青年如果不能分享别人的快乐，不能因别人的不认同而痛苦，哪怕只有那么一点点，那么，他会让你的生活变得惨不忍睹，而他也终将成为一个悲惨不幸的人。这样的孩子需要专业治疗。

洞察身体的蛛丝马迹

家长可以通过孩子的身体语言，判断他是否做了坏事吗？答案仍然是肯定的。孩子的身体语言可以很好地反应他的内心感受。孩子清楚地知道自己今天做了好事，那么他肯定心平气和，摆出平衡随意的姿势，呼吸平稳，大大方方地跟你眼神对视。如果事实恰恰相反，那么他的身体信号也将完全颠倒：姿势别扭，失去平衡，来回换重心，扭来扭去、坐立不安的身体泄露了他的紧张和不适。如果你发现孩子总是瞟你一眼又赶紧转移视线，像动物侦查周围环境是否安全似的，那么你几乎可以确定孩子是做了错事。对自己的行为，他早已心知肚明，只是试探你是否有所察觉。

正确？错误？

越是无意识的难以控制的身体语言信号，孩子越难以假装出来。所以当你想知道你的孩子是否在说谎，或者是否只是装出一张高兴的脸来不让你担心，忽略那些可以被控制的信号而关注信任那些本能的身体语言信号。德斯蒙德·莫里斯在他的书《观察人》中给我们提供了一个身体信号的分级：排行越高的，是越本能、越值得信任的。

1．自发的（不能被大脑控制的）：心跳速度，血压，皮肤的颜色。

2．腿和脚的运动：一直用脚轻敲；微小的攻击性的或者逃避性的踢腿动作。

3．躯干——注意躯干是颓然倒下的还是紧张的，以及是否和语言相矛盾。

4．表现感情和情绪的手势；特殊的标志演讲节奏的手势。

5．无意识的面部表情：面部肌肉紧张程度；瞳孔是否放大；嘴角的动作。

6．主动的脸部表情比如笑或者皱眉。

7．正式的身体语言，比如指点，招手打招呼，招手说再见。

一点小提示请记住，这类身体语言信号区别很大。举一个例子，来自印度大陆的孩子从小被教导不得与长辈或身份高的人对视，而应该目光稍稍低一些，而在其他国家的文化中，这种身体信号可能代表着性格狡猾，不诚恳。无独有偶，在加勒比地区，黑人孩子从小惯用的非常直接的目光，在其他文化背景的人看来，这种眼神近乎目中无人的挑衅，暗示着他可能要图谋不轨。所以，时刻意识到自己的文化规范。

你的孩子是匹诺曹吗

你的孩子爱说谎吗？学龄前的孩子说谎时，差不多把“我在说谎”几个字写在了脸上——垂头丧气的他，嘴角微微下垂，愧疚感一目了然。稍微大一点儿，他便能掩藏得更好些，但你仍然能看到心里焦虑的迹象——特别是像不断地点头，坐立不安，重心来回挪移，身体扭扭曲曲之类的身体信号。也会出现一些不一致的线索的相互交叉，因为，人具有太多矛盾的情绪。

上学后的孩子更爱掩饰事实，他们也更懂得修饰自己身体语言的重要性。所以，去寻找安静的姿势，空白的表情以及扁平的语调，这一切全部旨在掩盖欺瞒的迹象。通常来说，孩子很可能在夸大他真实感觉的反面。在一项研究实验中，学生们被供给喜欢和厌恶的两种饮料，任务是隐瞒真正喜欢哪种饮料，结果，他们往往对原本憎恶的东西表达了成倍的热情。当孩子说谎时，他的表述十分犹豫，一个词一个词往外蹦，有点儿口吃，磕磕绊绊地试图拼凑起一个没发生过的故事。一项研究表明，说谎时的小孩的鼻子处于充血状态，所以要小心轻擦和抓挠，一不小心，匹诺曹的故事可就要成真了！

谎言识别

发现别人是否在说谎的技巧随着年龄的增长而进步。你可以通过鼓励你的孩子去观察注意下面的信号来加速他成长的过程，发现别人在说谎，同样还能敦促孩子自己不要说谎！

- 如果你的孩子提起有人在电视上或者现实生活中撒个小谎，问问他“你怎么知道的？说谎有一些蛛丝马迹的，你发现他们了吗？”

- 大多数的儿童通过观察面部来寻找说谎的标志，但是面部是非常容易控制的。教会你的孩子观察腿、脚、身体和呼吸。
- 鼓励你的年龄较大的孩子去拆穿一个谎言：女孩往往更容易发现一个人在说谎，但是不善于拆穿对方。

识破孩子的谎言的关键在于，及时并直接地与他当面对质。一开始产生怀疑，你就走近孩子的身边，再近一点儿。家长近距离的接触，会让孩子察觉到他的内心的挣扎——困惑、焦虑和痛楚——然后，羞愧……这时，你要握住他的手，让他别再“摆弄”手指头了，或者紧紧抱住他的肩膀，让他停止扭动。安定下来的孩子，很快就会更加清晰地听到心里的愧疚和自责。摆脱困境的道路就在眼前，难以抗拒，赶快——说实话吧！

把实情告诉你之后，生气的你多半想让孩子受点教训。但是，最好的处理方法恰恰相反：告诉孩子，能听到他的实话让你多么欣慰。表扬无疑是最好的安慰和鼓励。如果这次的“坦白”没有“从宽”的话，下回孩子可能就要“抗拒”了。相反，他因说真话而得到了拥抱和微笑，即便接下来还有正式的惩罚在等着他，孩子真正记住了难忘的一课——诚实总是行得通的。

避免与人发生争执

孩子都爱争执，与伙伴，与成年人。的确如此。而且，一旦发展到了动起手来，“战争”一时半会儿停不下来。但是，孩子可以使用某些策略和战术，使“战火”消弭于无形，小小的威胁、转移注意力、向人示好、形成谈判，以及彰显自信。当然，战略实施时势必要用语言沟通，但是，在这里，身体语言将发挥大作用。何谓张扬自信——在争执中，坚定而直接地对别人说“不”。

通常，家长在孩子们动手开战后才有所察觉。但是，了解了身体语言之后，即便离孩子们有一段距离，先不管你插不插手，你可以提前洞察他们的分歧的酝酿和爆发。如果你发现了威胁性的举动，你得赶紧干涉。孩子们一会儿聚在一起，一会儿又分散开，这种信号意味着可能有冲突，但是会和平地解决，你只需在旁边密切关注即可。如果你的孩子正在使用交涉和自信的身体语言，你就可以放心地由他去了，他一定会处理得很好。

话说回来，家长们能够教孩子解决与人纠纷的方法吗？威胁他人不是什么好主意，威胁已经指向赤裸裸的宣战，这相当于敲响战鼓，告诉大家可以开战了。因此，引导孩子，无论男孩女孩，尽量不这样做。最好教孩子其他的策略，跟学其他身体语言的方法一样，观察、探讨、练习。从带领孩子追溯争吵的起因开始。“生气时你有什么感觉？你当时意识到凯蒂也生气了吗？在吵得更不愉快之前，你注意到什么现象了没有？”问过她这些问题后，帮她考虑考虑到底应该采取哪些策略。

语言沟通必不可少，但是你也要教她如何使用身体语言，配合她的言辞来和平解决问题。“你跟凯蒂有没有试着换一个游戏玩？如果你表现得很想玩别的，那么凯蒂会不会把吵架的事忘到了脑后？”（转移注意力法）；“你可以认真地告诉凯蒂，你有些不开心吗？你俩能握手言和吗？”（示好法）；“能不能先玩凯蒂喜欢的游戏，再玩你的？如果你很友好地跟她说，她可能会听得进去”（谈判交涉法）；“我是你的话，我会很坚决地拒绝，而且我会义正词严地表达”（张扬自信法）。

避免一场冲突				
无论是你和孩子之间，还是孩子和孩子之间，多数冲突实际上不会发展为大动干戈的肢体冲突，而是通过下面的方法解决。				
	威胁	**分散注意力**	**不打不成交**	**谈判**
信息	我能打败你！	那个事看起来更有意思，咱们别打了。	我们交个朋友吧。	我们来解决这个问题。
行动	孩子会通过挺直躯干，挺胸来使自己显得更高大。通过皱眉和紧闭嘴唇来做出“攻击”的表情，使用战斗性的语气和手势来威胁对方。苍白的脸色和阴沉的呼吸表示交感神经系统已经为格斗做好了准备。	不集中精力，好像完全忽略了对方的威胁，快要睡着了。说话时音调很低，显得不感兴趣。或者使用快速紧张的手势；看别的地方；指向别的东西；说话音调高而快；表情显得很热情。	面向对手，用温柔的眼神看对方，温柔的声音说话。伸出手去寻求握手或身体接触。也可能做出可怜兮兮、眼泪汪汪的样子，寻求对方的同情。	歪头倾听；直视但是不使用威胁性的目光，或者眼珠转动来寻找解决方法。声音冷静而清晰，没有感情而理性的行为。
期待的效果	对手被吓倒，后退。	对手的注意力被分散到别的地方。	对手开始受到感化或者已经被感化。	对手也冷静下来并开始谈判。

如何扮演和平大使

如果你不得不为孩子和伙伴们的争吵做裁判的话，你打算怎么做？再次声明，可别“威胁”他们，这种冲孩子们大吼的方法，很容易演变成双方互吼的局面。相反，把每一个孩子的注意力吸引过来，逐渐放缓和降低你的声音，让孩子们慢慢平静下来。然后，用语言打动他们，同时，用身体语言的四个成功策略帮助你实现目的。

你可以多拿几个玩具分发给大家，分散他们的注意力，或者引导孩子们玩一个新游戏，在整个过程中，你的声音和表情要表现出亲切热情。或者，你可以用温柔的手势和爱抚把大伙儿拢到一块儿，让孩子们挨着坐在一起，或者干脆给大家一个拥抱；要知道，抚摸可以使人体产生“拥抱荷尔蒙”的催产素，它将使大家化解冲突。大一点儿的孩子吵起来的话，你最好让大家坐下来，互相商量出一个彼此都满意的方法，避免加剧争吵；你来维持局面时，要保证音量平和，注意自己的身体语言，别偏向哪一个孩子。有时候，你只需简单地拿出强势的态度，面带严肃的表情，清楚坚定地告诉孩子们，他们的行为是错误的。

如何从冲突中平安撤退

孩子可以做点什么来避免受到伤害？一个对操场上 8 到 12 岁孩子的调查研究表明，让自己看起来小一些可以在冲突发生前就避免它。

- 低头
- 垮肩
- 从地上捡东西
- 系鞋带

还有一个使用身体语言的终极解决方案：化整为零。如果孩子们被隔离开，不出现在彼此的视线里，一个巴掌拍不响，“战斗”的勇气就消失了。一开始他们还会隔着门“叫骂”几句，不一会儿他们就该厌倦了。另外，我们通常会遗忘争吵会给双方带来诸多体内变化，心率加快，血压飙升，肾上腺素大大飞升——一切体内信号刺激他们吵得更凶。如果能从“战场”上撤下来缓一口气，这一系列体内信号将恢复正常水平；逐渐平静的孩子们更能“平息”争端，“缔结”和平。

研究表明，20 分钟的“休战”就可以平息一场“战争”。所以，把打得不可开交的宝宝们分开（虽然他们开始会冲着你，而不是原来的对手大喊大叫，但是你肯定处理得了），建议大一点的孩子们先各自玩一会儿，告诉他们这个道理，保证下回你不在身边时他们也这样做（比如，建议他们各走到院子的一边，直到他们平静下来再聚到一起）。别忘了，你自己也需要独立冷静的时间。以前人们常用的把犯错的孩子关到房间里，不仅为了惩罚犯错的人，也是为了给家长和孩子双方各 20 分钟时间独处，随后他们都可以冷静下来。

别让你的孩子遭受欺负

比打架更恶劣的是欺负他人。在生活中，孩子之间正常的吵架，一般是各占一块地盘，并用尽方法“誓死捍卫”地盘，结果要么是“战斗”到分出胜负，要么是以平局结束。但是，欺负人的孩子会故意攻击一个不还击的孩子，而且即使对方屈服投降，小霸王也不会宣告胜利，扬扬得意地离去，反而会一直揪住他不放。

欺负他人的孩子一般不清楚自己的能力，他的身体语言会显露出这一点。他们的骄傲是趾高气扬式的，而不是那种平和无害的自信。小霸王们把使用威胁式的身体语言——尖锐的声音，充满敌意的表达，咄咄逼人的态势——当成家常便饭，而不是仅在受到他人威胁回击时才使用。但是，当面对一个社群等级高于自己的人，伙伴（家长或老师）时，他们会一反常态，唯唯诺诺起来，这是因为，在他们跋扈的外表下，缺乏坚定自信的内心。

被欺负的孩子往往在受到威胁时，自动放弃反抗。畏缩、紧张、易心烦，很难拿出自信张扬的身体语言，即使勉强使用，也不能维持下去。这样的孩子绝对没有错，当跟朋友相处时，他们也会放松愉快，受人欢迎，被集体接纳。仅在面对爱欺负人的小霸王时，他的身体泄露了主人易受攻击的信息。小霸王察觉到了——采取行动！

你的孩子是否被欺负了？

如果你怀疑他被欺负了，观察下面的信号是否出现。

总的来说

- 害羞，沮丧低垂的眼神；不愿意进行眼神交流。

- 紧张，坐立不安，充满“逃脱性”的动作，紧张得踢腿，易受惊吓。
- 乱发脾气或者使用暴力；开始欺负别人。
- 沮丧，身体颓然倒下，经常是眼泪汪汪的。
- 医学上求救的标志，例如没有胃口，或者持续的身体不适。
- 趋向于画欺负人的画。
- 白日梦变多了。
- 突然变得举止不当，如逃学、偷窃或者说谎。
- 失忆或者无法集中注意力。
- 退化行为，吃手指，尿床，需要很多拥抱。

在家

- 失眠，独自哭到入睡；做噩梦，早上拒绝起床。
- 要求被送到学校；改变上学的路线。
- 在吃晚饭时非常的饿（饭钱被偷了）。
- 撕扯坏的衣服；身上受伤；肌肉上有打架造成的淤青。

在学校

- 在下课后或者课间时尽量靠近成年人。
- 温顺地把自己那份课本或者器材给别的孩子。
- 警惕戒备，不上课时在角落或者靠墙站着。
- 上课时不愿发言或者做课上练习。

你能帮孩子免遭欺负吗？现实点，欺负人的家伙们很恶劣的，即使最棒的身体语言也阻止不了他们的行径。但是，你能教孩子更好地处理受欺负的局面，鼓励他，勇敢地用身体语言“说”——“别来招惹我”。

这是一种自信而张扬自我的行为——让自己站得笔直，拔得最高，双肩舒展，昂首挺胸，轻松自如地表达自我。说话时，声调降低一两度，声音洪亮，尖锐颤抖的声音容易泄露紧张情绪。面对爱欺负人的家伙时，孩子必须坚持眼神对峙，告诉对方“我很生气”，而不是“我害怕”。这就是说，孩子要尽可能地回避与小霸王们的正面冲突，这些爱欺负人的小坏蛋们常常拉帮结伙，跟他们打架一般很难获胜。

此外，提醒您孩子的学校，使他们能够采取相应措施。您也可以联系相关机构，帮助受欺负的儿童。

纪律一起来约定

你的孩子有时会做错事，不是无心之过，而是那种故意捣乱。你呵斥他，找他谈话，禁止他的一些爱好，总之，实施家长的制裁特权。同时，你要注意选择合适的身体语言。为什么这样说？记住，你的孩子会通过观察别人的身体语言来记住别人对自己的行为评判。你勒令他在家禁足几天，或者没收他的手机，孩子肯定会郁闷，但是当他人的身体语言表现出对他的失望时，他也会感到自责和羞愧。所以，你除了要全面地给孩子讲道理，告诉他哪儿做错了以及错在哪儿之外，同时，别忘了给他一些身体暗示。孩子需要接受“多维”信息，从听到你的话到你说话时的表情动作。

非常差的行为

孩子淘气吗？当然，所有的孩子都或多或少会淘气。但是什么时候“淘气”会变成“真正的问题”？一些心理学家认为有这么一个标准区分“淘气”和“真正的问题”，就是对抗性、挑衅的捣乱活动，其大部分的症状都表现在儿童的身体语言中。

- 坐下时头向下垂，手臂交叉
- 当被要求加快时，放慢速度
- 撅嘴或者生气
- 不参加集体活动，打瞌睡或者玩手机
- 在愤怒或者粗鲁说话的同时微笑、冷笑或者傻笑
- 故意做一些招惹性的动作，例如向别人扔东西，发出粗鲁的怪声
- 在非常清楚的时候装傻或者问一些答案显而易见的问题
- 经常不守规矩，并且故意声张自己不守规矩，而不是尽量去掩饰自己
- 在你跟他说话时装听不见
- 忽略他人

经典批评式身体语言当然是很好的选择，紧皱眉头，频频摇头，紧抿嘴巴。当然，你也可以有自己的创造发明；一个调查对象告诉我，他家孩子一看到他的“眼神发直”就知道他不高兴了。孩子越成熟，越能较好地回应别人不满的信号；要是孩子还小的话，你得明确自己的身体信号，方便孩子理解。

你还可以改变策略，不流露出不满和愤怒，而是让孩子察觉到你的悲伤或焦虑。如果你的 8 岁的儿子说谎了，你忧伤的表情、低沉的声调和垂下眼帘的双眼，会让他愧疚。你看到了女儿坐在男朋友的摩托车后座上的一幕，你要让她看见你担心的表情，听到你紧张的声音，这些都会提醒她。不必过分夸张，让你的情绪从语言和

身体语言中自然流露出来，这样对孩子的影响更大。

这个是最后一个锦囊：你可以“简短、尖利、突然”地向孩子发出命令。火冒三丈的表达方式和声调，一般可以迅速而简明扼要地制止孩子的行为，比如：“不……停下……绝对不行！”大声命令可以制止孩子正要做的危险行为或不守规矩的事；另外一位调查对象在回信中说，她家 18 个月大的女儿已经可以听从她“声音”的命令。

另外，试着把同一件事用温和但是肯定的语气重复几遍，最后对孩子宣布，你说的一是一二是二，没有任何商量余地；如果孩子不听你的话，那么你就马上惩罚他。

请慎重使用“简短、尖利、突然”的命令方式，用得多了就失效了。我经常在超市听到有些妈妈冲孩子尖声咆哮，但是孩子们完全充耳不闻，这就有点作茧自缚的意味了。所以，千万别这样，把这一招留到非常棘手的时候再用吧。

学会“熟视无睹”

除了上文介绍的策略，还有另外一种方式也可以让孩子守规矩。部分心理学家认为，最好的身体语言也处理不了孩子不规矩的行为。

每个孩子，从出生起，都有一种最强烈的意愿——获得他人的注意。因此，从理论上看，如果你给予孩子足够的关注，即使是处罚、批评，孩子也会受到鼓动，把正在做的事进行下去。如果孩子说了脏话，你冲他大声呵斥——要是大吼大叫还是你们情感沟通的唯一渠道的话，那孩子可改不了说脏话的毛病。

比较合理的方法是，对他说脏话充耳不闻，只要你始终不理睬他，那么他的坏毛病就得不到任何回应。板着脸，转身离开，好像什么也没发生。我知道，这并不容易做到——你可能会产生用肥皂水给他洗洗嘴巴的冲动，但是坚持住自己的立场，尤其是你的唠叨不见效的话，你只能另辟蹊径。

教育孩子时的注意事项

使用身体语言教育孩子存在一些陷阱。一定要注意避免下面的几种行为。

- 在和孩子交流时不要频繁使用表示“不同意”、“生气”、“拒绝”的身体语言。如果你总是皱眉、吼叫或者转身离开，你的孩子最终会变成一个不但对自己的行为感到不舒服而且也非常恨自己的孩子——或者是一个总是调皮的孩子，因为没有一件事会得到你的微笑。
- 不要过度使用你自己的感情去控制你的孩子。让他看到你因他而悲伤或者焦虑确实可以传达有用的信息——但是如果你总是使用这张牌，最终你的孩子会一直感觉很内疚。而且，你也会一直处于假装甚至真的不高兴的状态，因为这是你让孩子听话的唯一方法。
- 不要用传达积极信息的身体语言来减弱你的训斥行为。研究表明微笑着说出严厉的词句会使孩子迷惑。你的孩子更希望你说出你想说的话，教育他，然后再尽快回到平常那种友好的状态。
- 在孩子做错事被制止之后，不要继续使用惩罚性的身体语言。你的孩子需要清楚直接地把你的斥责和他的错误联系起来——否则他会觉得无论他做什么都不会让你再爱他了。

同时，当孩子把脏话吞咽回去，或忍住一天没说，你赶紧热烈地回应，给他一个“你真棒！我为你骄傲”的微笑，或者一个大大的拥抱。注意，孩子很可能为了得到你的回应，更变本加厉地说脏话。但是，冷静一阵子，孩子就意识到不去做的奖励，远远丰厚过那样做，除非他已经完全失控，不然，孩子就会彻底抛弃说脏话的坏习惯。

勇于向他道歉

如果你有一个调皮的孩子，你想纠正他的错误，那么你俩都得坦诚相对。因此，你得能够敏锐察觉孩子的认错是不是让你放过他的权宜之计。如果道歉是虚伪的，你只有一种选择：质疑他，继续盘问他，或者就此罢休，含混过去就算了。了解孩子的你，可以根据情况，考虑选择哪种方式。另外，你还需要知道自己是不是在装模作样。你必须对自己诚实。如果孩子道了歉，你仍然无法直视他的眼睛，不能微笑得如往常一样和煦，依然不愿意拥抱或搂着孩子，那么这就是你的身体的真实反应，提醒你还对孩子的道歉有些怀疑和不谅解。尽量让自己想清楚，跟孩子把问题解决了，不然，接下来的一天里，你会时不时跟孩子发无名火的。

最后，如果做错事的人是你，需要改正错误的人是你怎么办？作为家长，道歉的话羞于启齿，你很容易把道歉搞成以随便的腔调或闷闷不乐的语气说声“对不起”。最终，我们的孩子大概会得出一个结论，就是成年人是不会犯错误的，是吧？

道歉——是真心的吗？

即使你的孩子对你说他希望被你原谅，他也有可能不是真心地道歉。注意观察下面列出的身体语言来判断他的道歉是不是真心的。

真心的

- 放低身段和头
- 伸出手；在祈祷时双手合在一起；大一些的孩子会伸出手寻求握手
- 尝试去抚摸你的头发或者手
- 低垂的脸和向下看的眼睛
- 不自觉地让自己显得岁数小一点
- 拥抱，敞开胸怀
- 触摸
- 触摸时闭上眼睛

不是真心的

- 生气和安抚的身体语言混合在一起，例如微笑配上恼怒的声音
- 微笑的攻击性动作，例如露出牙齿
- 向侧面瞥，嘲弄的微笑，嘲笑你相信了他的道歉
- 向侧面移动，头转向旁边来掩饰真实的感情
- 逃避触摸，害怕万一和你亲近了会使他想说实话

如果，你的话语和身体语言一样恳切真诚，那么你至少做对了两件事：第一，你给了孩子他应得的道歉，发自内心的而非虚与委蛇的歉意。第二，你成功地为孩子示范了真诚地表达歉意的身体语言。大多数的孩子会理解原谅你，并忘记发生的事，但是，他们会牢牢记住，身体语言加言辞，可以加倍地起作用。

良好的身体语言表达是孩子未来能够拥有一段美好顺心的恋情的基础。

学会爱　懂得爱

睁开眼睛，看到这个世界的第一眼，我们的宝宝便开始学习一样东西——爱。从那时起，他慢慢地品味被家人宠爱和爱家人的甜美滋味，他开始懂得小小的身躯发挥了怎样巨大的作用。

我要先插一句，在文明和发达的今天，性侵犯儿童的现象令人痛心。我想说，性行为并不，或者说不应该，在孩子的生活中占有任何空间，直至法律允许，而且他在生理、情感上已经发育成熟。但是，在摇篮里，孩子们的确就开始接受自信地恋爱的第一课，如果作为父母，我们没有当好他们的老师，最终，我们可能会培养出恋爱智商超低的孩子。

*你的每一次凝视、微笑和轻柔的拥抱，不仅在告诉宝宝"爸爸妈妈爱你"，也在教给孩子身体接触和情感互动的重要性。*等到孩子长到一两岁时，能在幼儿园交朋友了，他既是在找伙伴一块儿玩，也是在锻炼社交技巧和维持情感的能力，这一切，等到他长大后，会变成寻找真爱的武器。

探索身体的奥秘

2 岁以后，带着一颗萌动的好奇心，孩子们在玩耍中逐渐了解人的身体。在这一阶段，孩子对人的身体已习以为常。他们开始充满兴趣地探索自己的身体，着迷地窥探两性之间的身体差异。小姑娘小伙子们已经进入了“我们互看彼此的身体吧”的年纪。父母们会惊讶地发现，你家两岁的小家伙，光溜溜地坐在镜子前，叉开双腿，观察自己。他会摆弄自己的下体，双腿磨来磨去，在一个光滑的平面上蹭来蹭去——在人流涌动的商场，他也会做出这些举动。

没必要尴尬。不止你家孩子这样做，在调查中，90% 的母亲表示她们的孩子会自摸下体。*正常的自我身体探索很自然，有助于孩子了解自己的身体长得什么样子，有什么功能。*所以，妈妈们不要惊慌失措，更别发脾气。否则，要么你的孩子会为了吸引你的注意，反复重复这些举动，要么出于愧疚，从此再也不会这样做。

如果孩子已经成熟到可以听懂类似“孩子，这种事不适合在公共场合做”这样的话，那么轻轻地告诫他，然后温柔地把他的手从身体上移开。如果孩子还小，听不懂这样的话，那么移开他的小手就好。若是哪天你家 3 岁的儿子在图书馆里当众脱裤子，你也不必紧张，他没有恶意的。除非孩子真的有心理问题，否则，等他长到 10 岁时，他是死也不肯当众做这些举动的。

日渐减少的身体接触

一岁以内的宝宝，爸爸妈妈亲密无间的身体接触，就是他们生活的全部内容——爱抚、拥抱、依偎。1 岁之后，父母给予孩子的爱抚逐渐减少，一年又一年，直到青春期到来，孩子们走出家门，约会情侣去了。出于人类的本能，我们更加关爱幼小（更脆弱无依）的孩子，但是孩子年纪越大，越成熟，我们给予的身体接触就越少。

敏感的孩子们很快可以察觉到。孩子 3 岁时，可以在你的膝盖上撒着欢地爬来爬去，7 岁时，他大概会坐在你的身边，拉着你的手，13 岁的小伙子已经学会了只在问候和道别时亲亲你的脸颊，除此之外，只会保持一定距离与你对话。

从某种程度上说，这种变化很合理。身体接触减少意味着孩子会减少依赖感，自我感觉更加良好。但是，这并不意味着孩子不再需要身体接触，他们需要安全感、舒适感，这都需要身体接触来实现，如果你忽略了这一点，几年后，你会发现成年后的他缺乏安全感，个性压抑。

所以说，如果孩子在成长过程中，对身体接触的渴望没有得到满足，他会另辟蹊径，寻找自我满足的方式。9 岁的多米尼克，“睡觉时床上总是堆满了毛绒玩具”。14 岁的詹妮喜欢跟朋友玩“枕头大战”，获得需要的亲密身体接触。男孩子们则会贴身肉搏来满足身体接触的需求。不论男孩女孩，都喜欢抚摸小动物，这也是有学龄儿童的家庭不再养宠物的原因之一。

其实，你可以保留对孩子的关爱和适度的身体接触，这就帮上了忙。所以，当孩子看上去想渴望拥抱，别吝啬，拥抱他吧。如果你跟孩子之间还可以自然不别扭地吻别和亲吻问候，那么就别改掉这个家庭传统。孩子沮丧时，用手搂住他的肩膀。你们还可以一起窝在沙发里看电视。只要孩子喜欢和自在，就尽量跟他增加身体接触。*这也相当于你在帮助孩子学会自如和自信地接触别人的身体，这会为将来更亲密无间的关系打下基础。*

进入性别角色

树苗似的茁壮成长的孩子们也在逐渐完成自己的性别认同——男孩还是女孩，喜欢蓝色或是粉色，还是偶尔偏爱赏心悦目的紫罗兰。在成长中，孩子们在学到的各种观念中，逐渐选取性别认同的内容。其中，他们的身体和身体语言发挥了巨大的作用。

从理念上说，许多性别式身体语言是先天而生的，比如，人们普遍认为男孩子生来脆弱，不宜接触太多外人；所以，你会发现你的儿子远没有女儿那样容易与人眼神对视。你的女儿生来眼球的眼白部分就比较大，这意味着她的眼睛比男孩子们更容易传递情感的信号。

但是，还有许多性别语言是后天习得的。在青春期之前，孩子从父母、伙伴、老师身上，从网络上学习如何站立、坐下、行走、着装和说话。所以，你的儿子学会不要像妹妹那样经常顺从地点头，而女儿则学会不要占太多的空间。

真实而又令人忧伤的是，一旦孩子开始发展性别身体语言时，其他人也会改变回应他的方式。两腿分开坐着的哥哥，身体姿势平衡；妹妹坐着时则双腿交叠，身体微倾。看到他俩的人会认为哥哥比妹妹更加自信。妹妹习惯于微笑和点头，因此看上去和蔼可亲，大家普遍认为她比表情严肃的哥哥顺从听话。

你应该教孩子使用性别身体语言。你可以从孩子天然具备的，觉得最舒服自在的身体信号教起，这通常会效果最佳。通常，孩子也观察同性别的人，搞清他们喜欢做什么和不喜欢做什么。在选取模仿对象（家庭成员、成年的朋友、电视人物）时，不要选择过于刻意不自然的人，不然，孩子学到的身体语言会显得比他实际年龄

性别差异	男孩	女孩
下面列出了一些男孩和女孩间主要的身体语言差异——与生俱来和后天养成的。		
生理	青春期后，比女性身高高10%左右，骨骼也更长。在男性激素和睾丸激素的作用下，肌肉更加强健。	对声音更敏感，对气味的感知能力也更好。在青春期后，身体脂肪含量大约是男性的两倍。雌性激素提升了有益的胆固醇含量。
空间使用	即使在身体长得很大之前，也比女孩需要更多空间。会更多地入侵他人的私人空间。当别人从正面靠近时更易受到攻击。	学会使用较少空间的体态；更多地会避开他人的行进道路。允许他人更亲近地接近她们。当别人从侧面靠近时更易受到攻击。
动作	更活跃好动；有证据表明在子宫中就是这样。学会开放的、远离身体的动作。	年龄较小的时候会有比较显著的身体动作；随着和人群及社会的接触，学会封闭的保守的身体动作。
表情	微笑比较少。	微笑更多；更多地隐藏不舒服的感情。
眼神接触	稍微大一点的眼睛；眨眼更快、更频繁；更多地四处张望。	眉毛经常上抬，做出一种恳求回应的表情。眼白面积更大，看起来表现出更多的感情。更多地看别人。
讲话方式	讲话比女孩更频繁，每次讲话的时间更长。在别人说话时更多地打断，更换主题或者抢话。使用更多的命令或者确定的陈述。	说话更少，更少打断别人，更多地给出表示“该你了”的信号。犹豫和结巴更经常。使用更多的问题和不确定的陈述。
触摸模式	更多地触摸女孩儿而不是男孩儿。使用触摸来证明地位。	更愿意使用触摸来安慰；较少地使用触摸来控制。
内部情感	从出生起，更多地感受到内部感情信号；较少地表现出外部感情信号。	从出生起，较少地感受到内部感情信号；更多地表现出外部感情信号。
对他人的回应	从出生起，较少地使用眼神接触，微笑或者点头来回应别人。似乎认为成人的行为是不令人认同的；也许因为男孩看起来社交能力较弱，使成人的行为令他们感到不认同。	从出生起，更能阅读别人的身体语言并理解对方的感情；从进化的角度来说，也许这一点帮助母亲生存下来并能够保护她们的下一代。

大许多。

另外，不要因为孩子的性别身体语言没有与他们的真实性别严格对应而觉得难为情。现在，性别界限越来越模糊不清。讨人喜欢的男性通常会有一些女性化的温柔举动，例如，轻微侧着头聆听别人的话，显示他们的专注和兴趣。女强人也会有男性化举动，比如，用直接的眼神表示需要他人的尊重。你只需鼓励孩子使用最有效的两性身体语言，不要胡乱猜测孩子的身体语言是不是代表他的性别认同出了问题！

面对青春期的挑战

生命中神奇的青春期终于到来了。身体与意识，都会迎来翻天覆地的改变，这些改变将使你的孩子在生理上完成生育准备。女孩月经初潮，男孩睾丸下垂，他们生理上已经发育成熟，虽然一旦受打击，他们还会表现得像个 3 岁小孩。

由于生理的发育成熟，孩子的身体语言会在一夜之间发生戏剧性的变化。他们的身体疯狂猛长，你儿子的胳膊可能长了半英尺，当他还像以前那样伸手去拿一个茶杯时，他可能一不小心就弄碎了它。他们的体形也在悄然变化；女儿的臀部会长得圆润丰满，所以她的走路姿势也会与以前大不相同。*在孩子们完全习惯自己的新身高、体形和体重之前，他们的身体语言会显得相当笨拙。*

这也通常是由缺乏自信造成的，要么用焦虑加以掩饰，要么举止招摇，迫切地想获取别人的注意。尽量包容他们吧。谁家的男孩忽然蹿高四英尺（或者女儿胸部发育了起来），都会要么沮丧低迷，要么趾高气扬，总之，他们的情绪都不太对头；你不妨建议他们抬头挺胸，肩膀放松地走路，这会纠正他们的身体姿态。不管男孩还是女孩，好像又回到了幼儿园时代，啃指甲，挖鼻孔，走路内八字等等，童年时的一些神经质习惯又回来了。

你在见证孩子的各种身体变化后，仍然保持从容淡定，这会对他有好处。某些国家会给进入青春期的孩子举行庆祝派对或举行成人礼，如果这在你们国家并不流行，至少，你可以用自己的身体语言表达你的骄傲和喜悦。

请记住，到了这一阶段，如果你的孩子出现手淫行为，这并不算犯错误。事实上，研究表明，青春期有手淫习惯的青少年，更容易拥有稳定和谐的性生活。这件事可能给你带来心理不适，但是对孩子来说，他们可以从中获取有用信息和良好的实践。

青春期的种种尴尬

在探讨了青春期的种种话题之后，我可以这样跟你说，从这时起，你的孩子开始向成人过渡，你跟他之间肯定要经历一段尴尬期。看电视时，突然出现的性感画面会让你俩不舒服，儿子偷看充斥着裸女照片的杂志被抓住时，他肯定大感羞愧——而看杂志的人若是当爸爸的，场面也不会好看。一阵难堪的安静，目光无法对视，彼此扭捏不安。

在那时，说什么都无法帮你摆脱窘境，你也不能真的钻到沙发底下。此时，你最好的选择是使用身体语言——幽默的身体语言。微笑，大笑，带喜感地耸耸肩。把脸埋进掌心，但是从指缝中偷偷地看着孩子，做个鬼脸。

如果幽默的身体语言能够打破你们尴尬的僵局，那么恭喜你，你和孩子已经完成了基本性教育的一次重要谈话。你必须进行这次谈话，但是身体语言真的比谈话本身更重要吗？很可能是这样的。无论你多么详细地为孩子讲解性知识，不管你多么坦率地与孩子交流性关系中的情感问题，只要你的身体语言不对劲儿，你的孩子就会接收到错误的信息。如果你的尴尬无形中使你的身体发出窘迫、焦虑、不满或恼怒的信号，那么你的孩子很容易认为性是尴尬的、让人难堪的或引人自责的。

当感觉不对劲儿的时候

眼下，你能做的最重要的事情就是帮助你的孩子弄懂什么时候触摸感觉合适，什么时候不合适。解释下面的内容。

- “私人空间”的意思。他应该仅允许非常亲密的人离他非常近——离身体关键的 50 厘米以内的亲密区域。
- “特殊区域”的意思，例如乳房和生殖器。这些区域是他（她）私人的，任何人——即使最亲密的亲戚——也不能在没有得到允许的情况下触摸。
- “带来不适的触摸”的意思。如果孩子觉得正在发生的事情使他不适，那么他应该立即停止，即使成年人让他那样做也不行。
- “红灯情绪”的意思。如果一个成年人在触摸儿童时看起来紧张或者内疚，或者当儿童要求停止时显得恼怒或生气，那么正在发生的事情肯定有问题。
- 如何说“不”。儿童应该看着对方的眼睛，大声说“停下，我不要那样做”，马上离开对方身边并且告诉另一个成年人。

- 有些“秘密”不能保密。任何人也不能让儿童把拥抱或者亲吻作为秘密保守。
- 尝试去触摸儿童的成年人永远是错误的，即使儿童同意了也不行。

相反，当你跟孩子探讨性话题时，请努力克服自己的心理障碍。*当你跟孩子探讨性话题时，轻松而积极的态度是成功传递正确信息的关键。*放轻松，带着积极、温暖、欢快的语调来表达。这样，你会传达给孩子一个明确的信号：性不是一件坏事，它微妙而美好，你需要认真对待它。（这样做还有一个好处：研究表明，这种积极探讨性的方式，更可能令你的孩子推迟发生性行为，即便有性行为，也是与一个定期而不是随便的性伴侣，而且他会采取适当的保护措施。）

最后提醒一点。我之所以说基础性教育是一次“重要的谈话”，是因为很多家长只会一次性地谈完就算了。但是，最有效的性教育不是“一次”重要的谈话，而是无数次大大小小的，从孩子长大可以进行这个话题的探讨开始，在回答孩子提出的一个个问题中延续下来。我知道，这不是本书探讨的身体语言，但是，我认为这个问题值得一提！

性意识的萌发

性对孩子的强大吸引力，成为困扰家长的新烦恼。长大的孩子们开始明确地发出身体信号，他们对有魅力的异性充满兴趣。

与成年人一样，青少年对他人的性兴趣完全是通过身体语言展现出来的。试想，面对刚刚萌发好感的对象，用直白的语言去追求和献殷勤容易把对方吓走，求爱这种事发自人的本能，极其微妙。

孩子们性意识的萌发一般在青春期到来之前，女孩子在 9 到 10 岁时，男孩子大概要更早一些，这大大早于家长们的预期。不要紧张，只有极少数的孩子会在这个年龄段有性行为，大多数孩子，这种早期性吸引只是一次社交练习，加强身体语言技能的培训，为将来真正的两性交往打基础。所以，同性朋友小团体的聚会往往是经典的障眼法，你的孩子常常跟一群同性伙伴聚集在操场上，公园或商场里，他愉快地跟朋友聊着天，但是这一切都是为了吸引或观察他心仪的对象。

他会有许多略显夸张的动作，显然，是为了向远处的“她”展示自己最好的一面。小伙子站得笔直，挺胸收腹，带着一种坏坏的调子，而姑娘们则欢笑着，甩动自己的长发，伸出一条腿支撑着身体。他们说话时的手势往往指向某个特殊对象，下意识地流露出对心之所向的那个女孩的关注，这也是一种“有的放矢”的行为。

经过一系列的试探与展示，你的孩子会紧张地研究他到底对谁产生了兴趣，而谁又最有可能看上了自己。他向不同的女孩子半转身行注目礼，看看哪个有可能成为自己的女朋友。一旦他发觉自己的注视收到了回应，他将会摆出更多的姿态——夸张的大笑，或者，一脸冷冷的酷表情。又过了几分钟，他会再瞥一眼既定目标，确认对方是否还在看自己。如果那姑娘确实在看他，在玩着“闪躲目光”的游戏，那么他俩会长时间地对视，表明自己的兴趣。至于接下来，他们会想法子凑到一块儿，找个借口开始聊天。

她/他是不是在拒绝我

到目前为止，孩子与异性交往的经历还算顺利——这经历大概都是相当自然而本能的，并且充满乐趣。但是，很多青少年在这个节骨眼上，往往不能确定心仪对象是认真喜欢自己，还是玩一玩罢了。当你的孩子带着绝望的哭腔向你倾诉“妈妈，我不知道她到底喜不喜欢我”时，你得帮他判断一下，对方的身体信号到底传达了什么意思……

这可不是件容易的事。因为转身离开，别过脸不看他，长时间保持沉默等等身体语言既可以表示姑娘完全不在意这个男孩子，也可以代表她非常喜欢，但是心里极度紧张。这是一个小小的爱情酸碱度测试。如果那个姑娘根本不把你的孩子放在心上，那么她还会流露出无聊的情绪（掩口打哈欠，四处张望别的异性），或者苦恼（微耸的肩膀、撅起的嘴巴、尖锐的嗓音）；如果姑娘是非常在意你的儿子的话，她流露出的就是焦虑情绪（坐立不安，说话结结巴巴，咯咯傻笑）；此外还有明显的充满爱意的身体信号（频频瞩目他，情不自禁地微笑，缩小彼此的距离）。

你不能这样打扮着出门

现在，女孩穿着越来越向成熟女性靠拢。但是成年人的时装不仅仅使一个孩子看起来并不成熟——它也会改变孩子的身体语言，而这两者的结合会触发一些你的孩子完全没有期待的以及不知如何处理的不幸的情况发生。你看起来可爱的装扮也许在外人看来非常的性感，所以一定要检查你为女儿选择的衣着，或者检查你允许她为自己选择的衣着……

- 高跟鞋——即使是较低的跟——也会使她臀部和胸部变得突出。
- 一件紧身裙会使她走路时步伐较小从而摇摆臀部。
- 长，凌乱而有样式的头发会被解读为一种成年信号——放荡不羁的性感。

- 唇膏改造出一种性感的暗示（血液流到女性的嘴唇表示激动）。
- 有明显性感信息的T恤衫、文化衫说明穿着者知道那些信息的意思。（色情的电子邮件地址或者社交网络用户名会传达同样不适的信息，而使用其的儿童还往往并不知情。）

学会说“不”

少年，无论男孩女孩，都经常感觉很难说出“不”——对一段友情，一个约会，一个性方面的要求。基于作家安妮·迪克逊的关于自信和魄力的作品，下面给出了一些表示有效拒绝的身体语言规则。

下面这些有用：

- 直面对方
- 稍向后站
- 保持眼神接触，但是不要微笑
- 保持说话平稳
- 在说“不”的同时摇头来给出潜意识的拒绝信号

下面这些没用：

- 看别的地方或者避免眼神接触
- 微笑
- 说出拒绝的词句时很紧张
- 使用低的、柔软的话音，同时身体前倾并且触摸对方

青少年们经常遇到的另一个恋爱困扰是，他们自以为可以吸引异性的手段，其实恰恰适得其反。你的儿子大概以为女孩喜欢的是一副酷酷的冷静表情，或者自己的无所不知能打动她们。如果他的表现对象是一众男孩子，那么大家可能觉得他很帅，很值得尊敬，但是对女孩来说，这种信息的含义多半是“这家伙不好相处”。男孩子话太多，不肯给女孩说话的机会，既不微笑，也没有眼神交流，

女孩子看中和喜欢的身体语言得不到满足，难怪他会被淘汰出局。

另一方面，你的女儿不断地把爱慕的眼光投注在男伴身上，尴尬时就用笑声掩盖过去，她时不时地望向不远处的朋友们，想要寻求支持。一个正常的15岁的男孩子，在约会中一定紧张得要命，女方过多的目光对视会让他有种被看穿的恐惧感，对方的咯咯娇笑会被理解为嘲笑自己的笨手笨脚，他敢打赌，这女孩一定会跟朋友们大聊自己的八卦。这样的误会，难怪小伙子会一副遭到羞辱的样子撤退了。

这些都是有用的知识，你可以了解，并注意在孩子身上观察。不过，你可以讲给孩子听，帮他解决恋爱困扰吗？说实话，沉浸在恋爱中的他，在这个阶段，可不想跟成年人分享他最大的秘密，所以你可能没机会为他提供身体语言意见。如果孩子真的向你求教的话，你不妨跟他聊聊他正在看的肥皂剧，用电视人物的求爱行为来提示他，虽然成人世界里通用的吸引异性的身体语言（以及性道德规范）远比少年们使用（也应该使用）的要复杂得多。你也可以问问他，其他伙伴们是如何追求异性和恋爱的，而他们现在的恋爱状况如何，他们的女友表现得如何等等。通常来说，你的孩子会比你更善于观察朋友的恋爱身体语言是否得体，太直白还是太羞涩。你的工作就是提醒孩子自己已经意识到的东西。

第一次亲密接触

当距离和陌生感消弭于无形，青春期的少男少女们会越走越近。是的，总有许多关于青少年过早发生性行为的故事，这的确令人担忧，你需要教给孩子拒绝的方法。但是，许多青春期少男少女们仅仅是喜欢注视对方，聊天说笑，确定对方同样喜欢自己，然后成双入对地，或与其他一群朋友一起消磨时间，他们的交往完全是发乎情，止乎礼，不会发展到性行为。

这也给家长们出了难题，你很难确知你的孩子是不是在恋爱中。其实，注意观察他的身体语言，这往往泄露了很多秘密——甜蜜的微笑，为对方讲的笑话而开怀大笑，在人群中深情地注视彼此（甚至单独相处时也会这样做）。他们模仿彼此的行为，他们的行为一致到有些滑稽的程度，比如，完全相同的坐姿，异口同声地说话，甚至连呼吸都是同一个节奏。虽然他们自己没有意识到，但是这种“动作追踪”，正是母子 / 父子行为模式，他们在无意中再次体会了童年时的美妙回忆。

第一步

当和他们喜欢的人在一起时，青少年总是开始时想办法接近，然后又紧张地撤退。下面描述了 14 岁的安妮特在和他哥哥 15 岁的朋友说话时的表现。

	接近	撤退
亲密程度	来到离对方一臂距离的地方，身体向前倾斜	他向前，所以她向后，然后又站得比较近
角度	面向他	不断地避开，摆弄餐具
眼睛眼神	大部分的时候保持眼神接触	时不时看看别处，然后又微笑着看回来
表情	微笑，比平日笑得更多	假装生气
声调语气	音高降低	在假装生气时，音调变高
触摸	强调某句话时，会伸出手拍拍对方的手臂	当他伸出手触摸她时，她挣扎着躲开

如果你的孩子跟他的异性伙伴总是出现相视微笑，深情地注视这样的身体语言，那么他已经沉浸在恋爱中了。

第一次身体的亲密接触往往来得很迟。为了免遭拒绝，你的孩子和他的恋人会经历一段“试探性身体接触”，比如找借口抚摸一下对方的身体，如果对方或自己不喜欢这种碰触，那么大家就一笑了之。讲笑话时，两人会用手肘轻轻地戳一下对方，或者倚着对方的身体去拿一样东西，两人会贴在一起玩电脑游戏，偶尔碰碰小手，或者傻笑和互相挑逗彼此，然后有借口互相推搡和挠痒。

然后，当两人清晰地感觉到彼此的吸引时，试探性的碰触转为正式的身体接触，他们牵起了手，胳膊轻轻滑落到彼此的腰间，爱怜地抚摸对方的脸。这时，最美妙的初吻降临了，它轻盈，温柔，带着不确定和试探，成为孩子人生中最特别的记忆。

忽然之间，你意识到，孩子真正地长大了。过去的许多年里，无论是语言还是身体语言，如果你已经为孩子打下了良好的情感基础，那么，你的孩子将会拥有一段美好顺心的恋情，而且，他会以适当的节奏，带着自己的恋人一步一步向前走。这时，你可以放松了。不必去监视他们，或者说教和讲解恋爱的注意事项。你就站在孩子的身后，在心底为他祝福，为自己喝彩。

专业机构资源列表

英国

亚洲家庭辅导建议服务组织（Asian Family Counselling Service）

在伯明翰也有办公室

地址：Suite 51,
Windmill Place,
2–4 Windmill Lane,
Southall,
Middlesex UB2 4N

电话（英国）：020 8571 3933

网址：www.asianfamilycounselling.org.uk

节拍（Beat）

帮助和支持进食失衡的人或家庭

地址：103 Prince of Wales Road,
Norwich NR1 1DW

电话（英国）：0845 634 1414

网址：www.b-eat.co.uk

英国心理咨询和心理疗法协会（British Association for Counselling and Psychotherapy）

帮助你联系在你附近的所有种类的心理治疗师

地址：BACP House,

15 St John's Business Park,

Lutterworth,

Leicestershire LE17 4HB

电话（英国）：01455 883300

网址：www.bacp.co.uk

英国戏剧疗法治疗师协会（British Association of Dramatherapists）

地址：Waverley,

Battledown Approach,

Cheltenham,

Gloucestershire GL52 6RE

电话（英国）：01242 235515

网址：www.badth.org.uk

布鲁克（Brook）

对青少年性健康提供保密建议

电话（英国）：0808 802 1234

网址：www.askbrook.org.uk

儿童热线（ChildLine）

为儿童提供帮助的热线电话

电话（英国）：0800 1111

网址：www.childline.org.uk

爱哭（Cry–sis）

帮助和支持那些极度爱哭的孩子的家长

地址：BM Cry–sis,
London WC1N 3XX

电话（英国）：08451 228 669

网址：www.cry–sis.org.uk

真诚（Frank）

对于毒品问题提供建议和支持

电话（英国）：0800 77 66 00

网址：www.talktofrank.com

姜饼（Gingerbread）

通过一个统一的热线以及遍布各个地区的小组网络来为单身父亲或者母亲提供建议和支持。

地址：255 Kentish Town Road,
London NW5 2LX

电话（英国）：0808 802 0925

网址：www.gingerbread.org.uk

家庭起点（Home Start）

为家庭和父母提供非判断性的支持，每个地区有地区中心和志愿者提供帮助。

地址：The Home-Start Centre,
8-10 West Walk,
Leicester LE1 7NA

电话（英国）：0800 068 6368

网址：www.home-start.org.uk

家庭疗法学会（Institute of Family Therapy）

提供家庭疗法的全国性组织

地址：24-32 Stephenson Way,
London NW1 2HX

电话（英国）：020 7391 9150

网址：www.instituteoffamilytherapy.org.uk

孩子的披风（Kidscape）

帮助正在为自己的孩子总是被欺负而焦虑的父母

地址：2 Grosvenor Gardens,
London SW1W 0DH

电话（英国）：08451 205 204

网址：www.kidscape.org.uk

天才儿童全国协会（National Association for Gifted Children）

帮助天才儿童以及他们的父母

地址：Suite 1.2,
Challenge House,
Sherwood Drive,
Bletchley,
Milton Keynes,
Buckinghamshire MK3 6DP

电话（英国）：0845 450 0295

网址：www.nagcbritain.org.uk

全国（英国）孤僻人群社团（The National Autistic Society）

为孤僻人群提供帮助的慈善组织，也会为他们的父母和照顾他们的人提供实际的和感情上的支持（包括交朋友）。

地址：393 City Road,
London EC1V 1NG

电话（英国）：020 7833 2299

网址：www.autism.org.uk

全国新生儿童互信组织 National Childbirth Trust（NCT）

为怀孕的准妈妈和准爸爸提供帮助的组织

地址：Alexandra House,
Oldham Terrace,
London W3 6NH

电话（英国）：0300 330 0770

网址：www.nctpregnancyandbabycare.com

NSPCC 服务热线（NSPCC Helpline）

为那些担忧儿童福利的成人提供服务的热线电话

地址：Weston House,
42 Curtain Road,
London EC2A 3NH

电话（英国）：0808 800 5000

网址：www.nspcc.org.uk

父母热线及更多（Parentline Plus）

帮助父母解决从孩子出生到青春期的各种各样的问题

地址：520 Highgate Studios,
53–79 Highgate Road,
Kentish Town,
London NW5 1TL

电话（英国）：0808 800 2222

网址：www.parentlineplus.org.uk

关系（Relate）

为夫妻和家庭问题提供咨询服务

地址：Premier House,

Carolina Court,

Lakeside,

Doncaster DN4 5RA

电话（英国）：0300 100 1234

网址：www.relate.org.uk

亚历山大疗法教师社团（Society of Teachers of the Alexander Technique）

地址：1st Floor,

Linton House,

39–51 Highgate Road,

London NW5 1RS

电话（英国）：0207 482 5135

网址：www.stat.org.uk

接近青少年（Youth Access）

帮助你联系你附近的提供青少年问题咨询和建议机构的组织

地址：1–2 Taylors Yard,

67 Alderbrook Road,

London SW12 8AD

电话（英国）：020 8772 9900

网址：www.youthaccess.org.uk

美国

美国婚姻和家庭疗法协会（American Association of Marriage and Family Therapy）

地址：112 South Alfred Street,
Alexandria,
VA 22314-3061

电话（美国）：001 0703 838 9808

网址：www.aamft.org

美国儿童福利联盟（Child Welfare League of America）

地址：1726 M St. NW,
Suite 500,
Washington DC,
20036

电话（美国）：001 202 688 4200

网址：www.cwla.org

澳大利亚和新西兰

澳大利亚和新西兰家庭疗法期刊（Australian and New Zealand Journal of Family Therapy）

地址：55 Archdeacon Road, Nedlands,
WA 6009, Australia

网址：www.anzift.com

延伸阅读

如果你在寻找更多的关于如何为人父母的图书，我可以告诉你，有成千上万的书籍可以供你阅读——最好的找到它们的方式是先浏览，然后找到一本适合你和你孩子的胃口以及你的教育方式的书。以下我仅仅列出一份我非常喜欢的书目；这些书也许能够帮助你就其讨论的话题扩充你的知识。

- Coloroso, Barbara, *The Bully, the Bullied and the Bystander: From Preschool to High School,* Collins Living, 2009
- Faber, Adele and Mazlish, Elaine, *How to Talk so Kids will Listen and Listen so Kids will Talk,* Harper Paperback, 1999
- Joannides, Paul, *The Guide to Getting It On,* Goofyfoot Press, 2009
- Kuhn, Cynthia, Shwartzwelder, Scott and Wilson, Wilkie, *Just Say Know: Talking with Kids about Drugs and Alcohol,* W. W. Norton, 2002
- Lock, James and le Grange, Daniel, *Help your Teenager Beat an Eating Disorder,* Guildford Press, 2005
- Notbohm, Ellen, *Ten Things Every Child with Autism Wishes you Knew,* Future Horizons, 2005

- Peace, Barbara and Allan, *The Definitive Book of Body Language,* Bantam, 2006
- Yahnke Walker, Sally, *The Survival Guide for Parents of Gifted Kids: How to Understand, Live With, and Stick up for your Gifted Child,* Free Spirit Publishing, 2002

译者注：这里提到的图书基本上还未翻译成中文出版过，因此这里仅罗列其英文信息，读者如有需要可自行寻找原书阅读。

鸣谢

我要感谢所有帮助过我写这本书的人，是你们使我感到，无论是写作初稿还是重写修订的过程都是一段令人享受同时又有所得的过程。

首先，我要感谢那些帮助过我的家庭，你们完成了关于孩子身体语言的调查问卷，或者允许我观察你们的孩子。大部分家庭都是匿名的，那些允许我记下名字的人包括：亚历山大·巴布塔；爱娃·埃利斯·安东尼·奥皮拉伊诺，克里斯·安东尼·奥皮拉伊诺，弗洛·安东尼·奥皮拉伊诺还有保罗·安东尼·奥皮拉伊诺；班尼迪·怀恩斯以及简·福尔克－怀恩斯；班杰明·布利，丹尼尔·布利和琼·布利；克罗伊；克里斯提娜·宾利和伊塞克·宾利，还有米兰达·布罗赫斯特；康斯薇洛·艾伦；霍诺拉·格鲁夫－斯蒂芬森，伊安·格鲁夫－斯蒂芬森和娜塔莉·格鲁夫－斯蒂芬森；伊莎贝拉·达肯姆；简·希克曼，凯蒂·希克曼；马丁·布朗；罗斯·哈伯德；S. 埃文斯。还要感谢哈本高女士以及哈罗继续教育学院的学生们，你们把调查问卷结合进了你们布置幼儿园的项目中。还有约翰·西摩事务所和乔瑟夫·奥康纳，很荣幸被你们的社论提及，这使我的调查问卷得到了更多的答复。还要感谢米尔顿凯恩斯函授大学图书馆的卡尔·亨特·布朗，你帮助我搜索了很多参考文献和实例。

感谢所有出版、印刷和发行此书的人，对你们致以我最深切的谢意：尼克·埃迪森，莉兹·埃迪森，伊恩·杰克森，迈克尔·特尼，玛丽莲·伊格里斯，希拉里·克拉格，以及在埃迪森·萨德的所有人，你们对本书初版帮助良多。凯蒂·高仕比，泰萨·莫妮娜和马尔科姆·斯迈思，对你们致以同样的谢意，你们对本书重写修订版帮助良多。感谢我的办公室团队——1993 年的琼·布什比，多特·盖伊和费利西蒂·辛克莱，以及 2011 年的乔伊·霍顿，你们应得我的感激和表扬。还有我的代理人芭芭拉·里维，感谢你对我 20 年来的鼓励。还有对珍妮·伍德科克致以特殊的谢意，你的那些精彩照片是本书第一版不可缺少的部分。